Editorial

Maßgeblich für dieses wirtschaftswissenschaftliche Taschenbuch-Programm soll folgendes Verständnis von Ökonomie sein: Ökonomie wird nicht philosophisch-geisteswissenschaftlich interpretiert, sondern als empirische Wissenschaft. Mit den einzelnen Publikationen wird angestrebt, die rein ökonomische Betrachtungsweise zu überwinden und den Zusammenhang zwischen Wirtschaft, Gesellschaft und Politik zu verdeutlichen. Wenn nicht der üblichen Trennung in einzelwissenschaftliche Disziplinen gefolgt wird, so heißt das nicht, daß der Standpunkt einer gesellschaftlichen Einheitswissenschaft vertreten wird. Vielmehr soll im Rahmen dieses Programms die Lösung theoretischer und praktischer Probleme Vorrang haben gegenüber der Respektierung von traditionellen Fachgrenzen, soll die Themenauswahl geleitet sein von sich wandelnden Problemen in Wissenschaft, Politik, Gesamtwirtschaft und betrieblicher Praxis und nicht von vorgegebenen Erkenntnisobjekten.

Wegen seiner stark empirischen und praktisch-politischen Orientierung kann das Programm im vorhinein weder thematisch festgeschrieben noch ideologisch einseitig ausgerichtet sein.

Zur Verwirklichung dieses Programms sollen Arbeiten veröffentlicht werden, die nach Thema und Schwierigkeitsgrad breit gestreut sind. Besonderes Augenmerk wird einerseits Lehrbüchern zugewendet, die die zentralen Vorlesungen betreffen. Charakteristikum dieser Lehrbücher soll sein, daß sie die theoretischen Ansätze zu einem Thema erläutern, kritisieren und neue theoretische Alternativen vorstellen; daß sie Themen aufgreifen, die im bestehenden Lehrbuchangebot nicht berücksichtigt sind; daß sie in der formalen und didaktischen Aufbereitung des Lehrstoffs nach Möglichkeit neue Wege gehen. Andererseits wird versucht, in Monographien, Aufsatzsammlungen und Readern Einzelfragen aufzugreifen, die wissenschaftliche und politische Aktualität besitzen.

Wissenschaftlicher Beirat und Lektorat

D1720883

Fischer Athenäum Taschenbücher
Wirtschaftswissenschaft

E. K. Hunt/Howard J. Sherman

Ökonomie
Aus traditioneller und radikaler Sicht

Band 1

Aus dem Amerikanischen übertragen von
Hartmut Schneider

Mit einem Vorwort von
Werner Meißner

Athenäum Fischer Taschenbuch Verlag

Deutsche gekürzte Erstausgabe
Athenäum Fischer Taschenbuch Verlag GmbH & Co., Frankfurt am Main
›Economics: An Introduction to Traditional and Radical Views‹
Erschienen bei Harper & Row, Publishers, Inc., New York 1972
Alle Rechte an der deutschen Ausgabe vorbehalten
© 1974 by Athenäum Verlag, Frankfurt am Main
›Economics: An Introduction to Traditional and Radical Views‹
© 1972 by E. K. Hunt and Howard J. Sherman
Umschlagentwurf Endrikat + Wenn
Gesamtherstellung: Clausen & Bosse, Leck/Schleswig
Printed in Germany
ISBN 3-8072-5008-5

Inhaltsverzeichnis

Vorwort

Ökonomische Lehrbücher gibt es in großer Zahl. Die Darstellungen der traditionellen Ökonomie reichen von modell-mathematischen über empirisch-ökonometrische Texte hin zu institutionell-deskriptiven Werken. Hier gibt es keine gravierenden Unterschiede zwischen deutschsprachigen und anglo-amerikanischen Lehrbüchern. Dies gilt nicht für die Behandlung der Ökonomie aus »radikaler Sicht«. In Westeuropa ist dieser Sichtwinkel gleichbedeutend mit einer an Marx orientierten Politischen Ökonomie. Die Auswahl an entsprechenden Lehrbüchern ist allerdings nicht groß. Sie erstreckt sich zum einen in der Hauptsache auf ältere marxistische Klassiker des vorigen Jahrhunderts (d. h. zum großen Teil auf Marx selbst), auf die Schriften des Austromarxismus und der bis in dieses Jahrhundert hineinreichenden Revisionismusdebatte sowie auf einige Werke amerikanischer und westeuropäischer Neomarxisten. Andererseits gibt es eine Reihe offizieller Lehrtexte aus den osteuropäischen Ländern, in denen die Politische Ökonomie meist auf das doktrinäre Niveau der Lehre vom Staatsmonopolistischen Kapitalismus (Stamokap) gebracht wurde.

In den USA ist die »radikale Sicht« gleichbedeutend mit einem Amalgam aus marxistischer Politischer Ökonomie, moralisierender Distanznahme von den Auswüchsen des amerikanischen Kapitalismus, streitbarer Rassen- und Emanzipationsbewegung und pragmatischer Ideologiekritik. Dies alles findet sich in dem vorliegenden Lehrbuch wieder.

Diese kritische, aber eklektische Perspektive hat Konsequenzen für den Aufbau des Buches. Der Verzicht auf den präzisen Rahmen der Marxschen Politischen Ökonomie führt dazu, das Gliederungsprinzip dieses Lehrbuches an den Kriterien der traditionellen bürgerlichen Ökonomie auszurichten. Dem Studenten der traditionellen Wirtschaftstheorie wird so der Einstieg leicht gemacht. Immer wieder führt der Text bei der Behandlung der einzelnen Probleme an den Punkt, der ein vertieftes Studium der Politischen Ökonomie nahelegt.

Der Leser wird mit dem grundlegenden (und auch examensrelevanten) Stoff der Mikro- und Makrotheorie bekannt gemacht. Der mikroökonomische Teil stützt sich in seiner Analyse der vollkommenen Konkurrenz stark auf Marshallsches Gedankengut. Damit werden auch dessen Überlegungen zur Gültigkeit der objektiven Wertlehre bei der Preisbildung wieder nutzbar gemacht. Großes Gewicht wird auf die Monopolisierung und Vermachtung der Märkte gelegt. Diese Art der

Behandlung ›vollkommener und unvollkommener Märkte‹ führt zu einer Absage an das liberale Credo der nachfragebestimmten Produktionslenkung und Preisbildung. Der makroökonomische Teil beginnt mit einer kritischen Darlegung der Keynes-Theorie und der wirtschaftspolitischen Intervention des Staates. Sodann werden die Probleme von Inflation, Wachstum und Vergeudung im Kapitalismus behandelt, schließlich Außenhandel, Unterentwicklung und Imperialismus.

Frankfurt am Main
im Dezember 1973

Werner Meißner

1. Marktmechanismus:
Effizienz oder Gerechtigkeit?

In beiden Bänden soll die Funktionsweise kapitalistischer Systeme behandelt werden. Im ersten Band geht es um *Mikroökonomie*, d. h. die Verhaltensweisen des einzelnen Unternehmens, des einzelnen Arbeitnehmers und des einzelnen Konsumenten; der zweite Band befaßt sich mit der *Makroökonomie*. Dort wird untersucht, wie die Volkswirtschaft als Ganzes funktioniert. Gegenstand dieses ersten Bandes ist also unter anderem, wie Unternehmen Preise festsetzen und Gewinne machen (unter Wettbewerbs- und Monopolbedingungen), wie Löhne bestimmt werden, wie der Staat die Einkommensverteilung beeinflußt und was verschiedene Arten der Diskriminierung ökonomisch bedeuten.

Wir bezeichnen ein Wirtschaftssystem als privatwirtschaftlich, wenn in ihm Privatpersonen Produktionsstätten, Produktionsgüter und Rohstoffe besitzen. Selbstverständlich schließt der Begriff des Privateigentums die Existenz juristischer Personen (z. B. Aktiengesellschaft, Gesellschaft mit beschränkter Haftung) ein. Bei derartigen Gesellschaften gehört das Kapital Privatpersonen; das Eigentum jedes einzelnen besteht in den Anteilen oder Aktien, die er besitzt.

Produktion und Verteilung der Güter sind in den meisten modernen kapitalistischen Volkswirtschaften sowohl in sozialer als auch in technischer Hinsicht höchst komplizierte Prozesse. Zwar kann man sich auch eine Wirtschaft vorstellen, die ausschließlich aus kleinen landwirtschaftlichen Produzenten und Handwerkern besteht, in der jeder seine Produktionsmittel besitzt und weitgehend unabhängig ist; in den heutigen kapitalistischen Volkswirtschaften ist jedoch diese persönliche Unabhängigkeit völlig ausgeschlossen. Die industrielle Revolution brachte die fabrikmäßige Produktion und die totale Abhängigkeit der einzelnen Produzenten mit sich. Ein Arbeiter in einer Automobilfabrik besitzt beispielsweise keine Produktionsmittel; er könnte nichts produzieren, wenn er auf sich alleine gestellt wäre. Sein ganzes Leben ist er darauf angewiesen, seine Arbeitskraft an ein Unternehmen zu verkaufen, das wie ihn Hunderte oder Tausende anderer Arbeitskräfte beschäftigt. Seine Arbeit besteht gewöhnlich in der Ausführung eines kleinen, unbedeutenden und nervtötenden Produktionsschritts, den er acht Stunden täglich wiederholt.

In den USA besitzen etwa 1,8 % der Bevölkerung 80 % des gesamten Aktienkapitals. Die restlichen 98,2 % haben wenig oder kein Kapital und müssen ihre Arbeitskraft auf dem *Arbeitsmarkt* verkaufen. Hat ein Arbeiter eine Stelle gefunden, so bekommt er seinen Lohn, den er wieder auf dem Markt für Güter und Dienstleistungen ausgibt. Durch diese Kaufakte schafft er (gewöhnlich einen *sehr* kleinen Teil der) Nachfrage, die wiederum anderen Arbeitern in der Güter- und Dienstleistungsproduktion Arbeitsplätze schafft. Ob jemand in der kapitalistischen Wirtschaft dauerhaft beschäftigt ist, hängt in der Tat vom Verhalten Hunderter, Tausender oder gar Millionen anderer Personen ab. Alle diese Personen sind lediglich durch eine soziale Institution miteinander verbunden, nämlich den Markt. Von entscheidender Bedeutung ist deshalb, daß die Funktionsweise des Marktmechanismus verstanden wird.

Der Markt bestimmt im privatwirtschaftlichen System, was produziert wird, wie es produziert wird und für wen es produziert wird. Hauptmotiv der Kapitalisten ist das Streben nach maximalem Gewinn. Die Kapitalisten kaufen Arbeitskraft und Rohmaterial am Markt und kombinieren sie mit ihren Produktionsmitteln (Fabriken, Maschinen, Werkzeuge), um einen Ausstoß an Gütern oder Dienstleistungen zu produzieren. (Viele Kapitalisten gehören dem Mittelstand an oder arbeiten im Kreditgeschäft, sie sind also nicht unmittelbar produktiv tätig.) Dann verkaufen sie ihren Ausstoß am Markt.

Ziel der kapitalistischen Unternehmertätigkeit ist es, den Unterschied zwischen Verkaufserlösen und Ausgaben möglichst groß zu gestalten. Diesen Unterschied nennt man Gewinn oder Profit. Ständig suchen Kapitalisten nach Waren, die sie gewinnbringend produzieren und verkaufen können.

Die Kosten der Kapitalisten stellen für Arbeiter und Eigentümer von Rohstoffen Einkommen dar; das Einkommen der Unternehmer ist der Profit. Einkommen aller Art werden von ihren Beziehern für Güter ausgegeben, die in den Fabriken der Unternehmer hergestellt werden. Von den Unternehmern fließt also in die Öffentlichkeit Geld in Form von Einkommen, das durch den Produktionsprozeß entstanden ist. Dieses Geld fließt in die Unternehmen zurück, wenn die Güter und Dienstleistungen von den Herstellern am Markt verkauft werden.

Wir haben also eine unübersehbar komplexe Geldzirkulation vor uns: von mehreren hunderttausend Unternehmen zu Millionen von Menschen und von da wieder zurück in die Unternehmen. Treibendes Motiv ist überall das Gewinnstreben. Die Entscheidung, welche Güter (oder ob überhaupt) produziert werden sollen, welche Faktoren beschafft werden sollen – oder wie hoch die Löhne sein sollen, orientieren sich alle an diesem Kriterium. Alle ökonomischen Beziehungen werden durch die Einrichtung »Markt« vermittelt. Der Markt ist offensichtlich eine der wichtigsten Institutionen in einer Wirtschaft mit privaten Unternehmen. In diesem und einigen der folgenden Kapitel wollen wir versuchen, besser zu verstehen, was Märkte sind – und wie sie funktionieren.

Zunächst muß man zwischen dem Marktsystem und einem speziellen Markt unterscheiden. Historisch gesehen, war der Markt ein Platz – gewöhnlich im Zentrum einer Stadt oder eines Dorfes –, auf dem sich Produzenten und Händler trafen, um Güter auszutauschen. Später bezeichnete man jede beliebige Stelle als Markt, an der Kaufleute ihre Waren gewerbsmäßig verkauften. Heute nennt man manchmal ein Kaufhaus oder einen großen Laden Markt (Supermarkt), doch der Begriff Markt wird auch in einem allgemeineren Sinn gebraucht: Er bezieht sich auf Tauschhandlungen, bei denen *Geld* eine Rolle spielt und bei denen sich die Preise bilden, zu denen die Tauschakte zustande kommen.

Man spricht vom Aktienmarkt, vom Arbeitsmarkt oder vom Automobilmarkt, wenn es um den Kauf oder Verkauf von Aktien, Arbeitskraft oder Automobilen geht. Von *Marktsystem* ist die Rede, wenn man sich ganz allgemein auf den Tausch Ware gegen Geld und die Preisbestimmung bezieht. Es liegt auf der Hand, daß jedes Marktsystem, das erfolgreich Preise bestimmt und Tauschvorgänge ermöglicht, als weitere Bestandteile Traditionen, rechtliche Regelungen und Institutionen für einen wirksamen Rechtsschutz enthalten muß, und daß außerdem Geschäftsräume zur Verfügung stehen müssen.

In diesem Band betrachten wir nicht die tatsächlichen Marktgegebenheiten; viele traditionelle und gesetzliche Regelungen, die Vorbedingung für einen funktionsfähigen Markt sind, werden außer acht gelassen. Wir befassen uns vielmehr mit dem Tausch (Kauf und Verkauf) und mit der Preisbildung.

Grundsätzlich besteht jeder Markt aus zwei Parteien, nämlich Käufern und Verkäufern. Die Käufer haben Geld, das sie gegen Waren eintauschen möchten, und die Verkäufer haben Güter, für die sie Geld einhandeln wollen. Als *Nachfrage* bezeichnet man die Menge eines Gutes, die die Käufer zu einem bestimmten Zeitpunkt erwerben möchten; das *Angebot* ist dementsprechend die Menge eines Gutes, welche die Verkäufer zu einem bestimmten Zeitpunkt veräußern möchten.

Hier soll einmal betont werden, daß Nachfrage nicht unbedingt etwas mit Bedarf oder Bedürfnis zu tun hat. Ein Kind z. B., das ohne einen Pfennig in der Tasche sehnsüchtig auf die Auslagen einer Konditorei starrt, erhöht nicht die Nachfrage nach Süßigkeiten. Während der Weltwirtschaftskrise in den dreißiger Jahren litten Millionen von Menschen an Hunger, und trotzdem wurden riesige Mengen an Weizen und Tausende von Rindern und Schafen vernichtet. Ursache dieser Verschwendung war die *fehlende Marktnachfrage*. Im Grunde genommen ist es das gleiche Problem wie mit dem Kind vor der Konditorei: Das Millionenheer der Arbeitslosen hatte kein Geld, für das es Nahrungsmittel hätte eintauschen können.

Angebot und Nachfrage

Eine genauere Definition von Angebot und Nachfrage lautet:

> *Die Nachfrage nach einem bestimmten Gut bezieht sich auf diejenige Menge des Gutes, welche die Käufer innerhalb einer bestimmten Periode zu einem bestimmten Preis kaufen wollen.*

Soll der Begriff Nachfrage irgend etwas Vernünftiges bedeuten, so muß ein bestimmter Zeitraum und vor allem ein bestimmter Preis vorgegeben werden. Je nachdem, ob der Preis für ein Ford-Modell $ 500 oder $ 5000 beträgt, wird die Anzahl der nachgefragten Autos stark schwanken. Wichtig ist, daß die Nachfrage nach einem Gut im Wert von $ 100 die Bereitschaft einschließt, $ 100 an Geld anzubieten.

Die Definition des Angebots ähnelt stark der Definition der Nachfrage:

> *Das Angebot eines Gutes bezieht sich auf die Menge, welche die Verkäufer zu einem bestimmten Preis zu verkaufen bereit sind.*

Das Angebot eines Gutes im Wert von $ 100 ist gleichzeitig eine Nachfrage nach $ 100 in Geld.

Aus den Reaktionen von Käufern und Verkäufern auf verschiedene Preise läßt sich ein Schema für Nachfrage und Angebot ermitteln. Eine *Nachfragetabelle* ordnet unterschiedlichen Preisen eines Gutes die Mengen zu, die bei jedem dieser Preise gekauft würden. Würde man die Bevölkerung der USA befragen, welche Anzahl des Ford-Modells »Pinto« sie bei verschiedenen Preisen kaufen würde, so könnte man vielleicht ein Ergebnis wie in Tabelle 1.1 erhalten.

Tabelle 1.1

Anzahl der bei verschiedenen Preisen nachgefragten Ford Pintos

Preis	Nachgefragte Menge pro Jahr (in Hunderttausenden)
$ 1,000	10
1,500	8
2,000	6
2,500	4

Die Aussage einer solchen Tabelle kann man graphisch als Nachfrage-kurve darstellen (siehe Abb. 1.1). Eine *Nachfragekurve* ordnet – wie die Tabelle – den Preisen bestimmte nachgefragte Mengen zu. Die Kurve *DD* ermöglicht es, zu jedem Preis die nachgefragte Menge zu bestimmen.

Abbildung 1.1

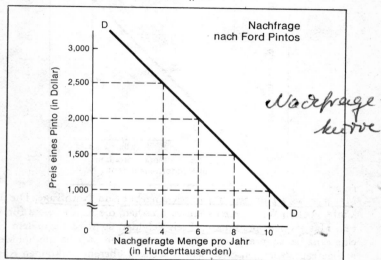

Ähnlich läßt sich die Anzahl von Pintos ermitteln, die die Firma Ford bei verschiedenen Preisen verkaufen würde. Tabelle 1.2 enthält diese hypothetische Information. In Abbildung 1.2 wird die gleiche Information in Form einer Angebotskurve dargestellt; sie gibt an, welche Mengen die Verkäufer bei verschiedenen Preisen zum Verkauf anbieten wollen.

Tabelle 1.2

Angebot an Ford Pintos zu verschiedenen Preisen

Preis	Angebot pro Jahr (in Hunderttausenden)
$ 1,000	2
1,500	4
2,000	6
2,500	8

Abbildung 1.2

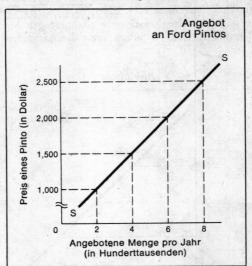

Marktpreise bestimmen sich durch Angebot und Nachfrage. Die Verkäufer wollen Ware gegen Geld eintauschen, die Käufer Geld für Waren. Hat sich ein bestimmter Preis gebildet, so wird zu diesem Preis eine ganz bestimmte Menge angeboten und eine ganz bestimmte Menge nachgefragt. Stimmen diese beiden Mengen überein, so können Käufer und Verkäufer die Transaktionen in dem gewünschten Umfang ausführen (ohne daß Nachfrage unbefriedigt bleibt oder Produkte keinen Käufer finden). In Abbildung 1.3 ist die Nachfragekurve für Ford Pintos (Abb. 1.1) mit der Angebotskurve (Abb. 1.2) zusammengelegt worden. Bei einem Preis von $ 2000 zeigt der Schnittpunkt beider Kurven an, daß Käufer und Verkäufer 600 000 Automobile kaufen bzw. verkaufen wollen.

Widersprechen sich die Wünsche von Käufern und Verkäufern nicht und können beide die gewünschten Tauschhandlungen ausführen, so sagt man, der Markt befindet sich im *Gleichgewicht.* Der Begriff des Gleichgewichts ist ein zentraler Begriff in der Ökonomie. Er besagt, daß die Tauschwünsche von Anbietern und Nachfragern wechselseitig übereinstimmen. Zum Gleichgewichtspreis kann jeder so viel kaufen oder verkaufen, wie er im Rahmen seines Budgets kaufen oder verkaufen möchte.

Spielt sich ein Preis über dem Gleichgewichtspreis ein, so wird das Angebot die Nachfrage übersteigen. Dies ist die Situation des *Über-*

Abbildung 1.3

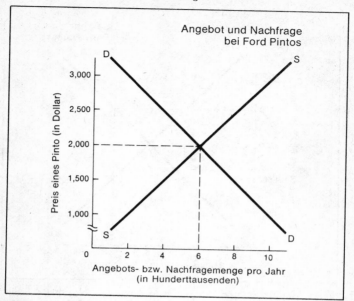

Angebot und Nachfrage
bei Ford Pintos

angebots[1]. In Abb. 1.4 sehen wir, daß bei einem Preis von $ 2500 für einen Ford Pinto ein Überangebot besteht. Die Firma Ford würde bei diesem Preis 800 000 Pintos verkaufen wollen, aber die Käufer würden nur 400 000 kaufen wollen, so daß ein Überangebot in Höhe von 400 000 herrscht.

Auf vielen Märkten wirken die Kräfte von Angebot und Nachfrage tendenziell dahin, daß ein Überangebot durch Preisänderungen abgebaut wird und der Markt zum Gleichgewicht kommt. In einer Situation wie in Abb. 1.4 werden viele Händler feststellen, daß sie beim Preis von $ 2500 nicht die Mengen absetzen können, die sie sich vorgestellt hatten. In den Lagern stauen sich die unverkauften Wagen, und die Händler drosseln oder revidieren ihre Bestellungen bei Ford. Es dauert nicht lange, bis die auf 800 000 Stück angelegte Produktion zu Produktionshalden beim Hersteller führt.

Um diese Lagerhalden abzubauen und die Verkäufe anzuregen, könnte der Hersteller den Preis verringern. Solange der Preis jedoch über $ 2000 bleibt, wird es ein Überangebot und damit auch das Mo-

[1] Ausdrücke wie Angebotsüberhang, -überschuß usw. bezeichnen den gleichen Sachverhalt. Für die Übernachfrage gilt entsprechendes (H. S.).

× Halde + Vorrätung!

Abbildung 1.4

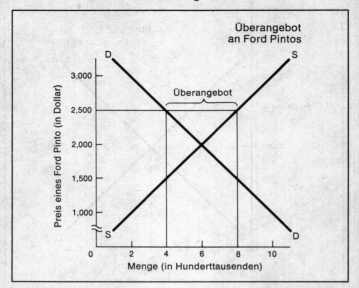

tiv geben, die Preise noch weiter zu reduzieren. Nur beim Gleichgewichtspreis von $ 2000 verschwindet das Überangebot und der Markt
wird geräumt.

Bei einem Preis unterhalb von $ 2000 würde die Nachfrage das
Angebot übersteigen (Abb. 1.5). Die Händler würden sich Warteschlangen von Käufern gegenübersehen, die die wenigen verfügbaren
Wagen kaufen wollen. Nachbestellungen bei Ford könnten großenteils
nicht erfüllt werden, weil sie bei weitem die geplante Produktion übersteigen. In Abb. 1.5 wird Ford bei dem niedrigen Preis von $ 1000
lediglich 200 000 Pintos anbieten, aber die Konsumenten fragen
1 000 000 Stück nach. Folglich besteht eine Übernachfrage in Höhe von
800 000 Wagen.

Bei diesen Bedingungen wäre es Händlern und dem Hersteller sofort
klar, daß man mehr Autos zu höheren Preisen verkaufen könnte. Allein
das Gewinnmotiv legt es schon nahe, die Preise anzuheben, und mit
steigendem Preis schrumpft die Übernachfrage. Bei jedem Preis unter
$ 2000 wird eine gewisse Übernachfrage und somit auch eine Tendenz
zu Preiserhöhungen bestehen, bis das Gleichgewicht bei $ 2000 erreicht
wird.

In welchem Ausmaß Preisänderungen zum Gleichgewicht führen, ist
von Markt zu Markt sehr verschieden. Auf manchen Märkten reagie-

Abbildung 1.5

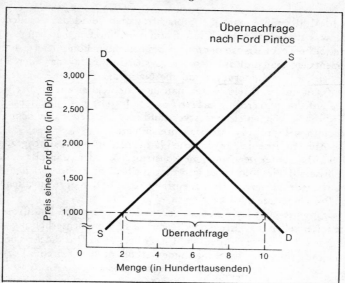

Übernachfrage
nach Ford Pintos

Preis eines Ford Pinto (in Dollar)

3,000

2,500

2,000

1,500

1,000

Übernachfrage

0   2   4   6   8   10

Menge (in Hunderttausenden)

ren die Anbieter sehr empfindlich auf unerwünschte Änderungen in ihren Lagerbeständen, so daß sehr schnell Anpassungsprozesse über den Preis stattfinden. Die New York Stock Exchange (die Börse) reagiert selbst auf stundenweise Schwankungen von Angebot und Nachfrage; die häufigen Preisänderungen halten den Markt immer in der Nähe des Gleichgewichts.

Das andere Extrem ist der Arbeitsmarkt. Er kann – obwohl für die meisten Menschen der wichtigste Markt überhaupt – jahrelang vom Gleichgewicht entfernt bleiben. Fast immer (bis auf Kriegszeiten) bestand auf dem amerikanischen Arbeitsmarkt ein Überangebot an Arbeitskräften, und das bedeutet nichts anderes als unfreiwillige Arbeitslosigkeit. Dieser Fragestellung werden wir besonders im zweiten Band nachgehen. *fruktion!!*

Oft können einzelne oder Gruppen Preise *festsetzen*, weil sie Angebot oder Nachfrage kontrollieren. Dann brauchen weder Überangebot noch Übernachfrage zu Preisänderungen zu führen – es sei denn, sie sind im eigenen Interesse des Marktbeherrschers. Diesen Fall werden wir in einigen der folgenden Kapitel untersuchen, die sich mit unvollkommener Konkurrenz, Oligopolen (wenige kontrollieren das Angebot) und Monopolen (ein Unternehmer kontrolliert das Angebot) befassen. *Monopole*

Änderungen der Nachfrage

Im Idealfall müßte man in der Nachfragetheorie all das berücksichtigen, was irgendwie einen Einfluß auf die Nachfrage haben könnte. Eine solche Theorie wäre dann aber unübersehbar kompliziert, deshalb konzentriert man sich auf den wichtigsten Einflußfaktor – den Preis. Wie wirken Preisänderungen auf die Nachfrage nach einem Gut? Das kann man nur ermitteln, wenn man unterstellt, daß alle anderen Einflüsse auf die Nachfrage *gleichbleiben* (sog. *ceteris paribus*-Klausel). In Wirklichkeit können sich selbstverständlich gleichzeitig mit dem Preis auch noch viele andere Einflußfaktoren ändern.

In Abb. 1.6 ist eine gewöhnliche Nachfragekurve (die durchgezogene Linie D_1D_1) unter der Annahme konstruiert worden, daß alle anderen Einflüsse auf die Nachfrage konstant bleiben, während sich der Preis ändert. Jede Mengenänderung entlang der D_1D_1-Kurve ist allein auf eine Preisänderung zurückzuführen.

Wir wenden uns jetzt einem anderen Einfluß auf die Nachfrage zu. Wir unterstellen, es hätte eine allgemeine Einkommenserhöhung stattgefunden. Die Leute werden wohl jetzt bei *jedem* Preis mehr von diesem Gut nachfragen. Die Einkommenserhöhung bewirkt eine *Verschiebung* der Nachfragefunktion. Wir haben dann eine *neue Nachfragekurve* vor uns (die Linie D_2D_2). *Bei jedem Preis* kaufen die Leute jetzt mehr als früher.

Diese Nachfragesteigerung ist das Ergebnis der Einkommenserhöhung. Die Veränderung irgendeiner Einflußgröße (außer dem Preis) wird als *Verschiebung* der Nachfragekurve dargestellt.

In der ökonomischen Fachsprache werden diese Zusammenhänge viel komplizierter ausgedrückt. Wenn zum Beispiel ein Ökonom sagt, die Nachfrage habe sich geändert, so meint er damit, daß sich *die Nachfragekurve insgesamt verschoben hat*. Eine Nachfrageerhöhung bezeichnet eine Verschiebung der Kurve nach rechts außen (von D_1D_1 nach D_2D_2); das soll heißen, daß bei *jedem beliebigen* Preis *mehr* Pintos nachgefragt werden. Eine Verringerung der Nachfrage bezeichnet eine Verschiebung der Nachfragekurve nach innen (von D_2D_2 nach D_1D_1). Das soll heißen, daß bei jedem beliebigen Preis *weniger* Pintos nachgefragt werden.

Wenn sonst alles gleich geblieben ist (d. h. wenn sich die Kurve *nicht* verschiebt) und nur der Preis sich ändert, so wird *kein* Ökonom davon sprechen, daß sich die Nachfrage ändert. Er sagt vielmehr, daß bei einem höheren Preis weniger oder daß bei einem niedrigeren Preis mehr nachgefragt wird. Man spricht dann von einer *Bewegung entlang der Nachfragekurve* (oder von einer anderen Nachfragemenge), aber *nicht* von einer Veränderung oder Verschiebung der Nachfragekurve. Mit

Abbildung 1.6

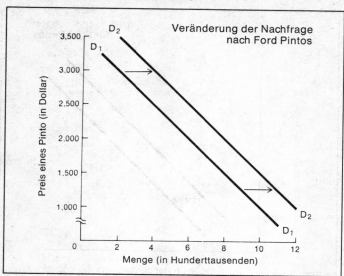

anderen Worten: Ohne eine Änderung der Nachfrage kann Ford nur dann mehr Pintos verkaufen, wenn Ford den Preis senkt (und wenn Ford den Preis erhöht, werden weniger Pintos verkauft).

In der Realität passiert häufig beides: Die Preise der Pintos, die Einkommen und andere Einflußgrößen ändern sich. Aber es ist unmöglich genau festzustellen, wieviel von der Nachfrageänderung auf die Preisänderung (Bewegung entlang der Nachfragekurve) und wieviel auf Einkommensänderungen oder die Veränderungen anderer Einflußgrößen zurückzuführen ist (Verschiebung der Nachfragekurve). Kurzum, die Wirklichkeit zeichnet uns keine Kurven; das macht nur der Ökonom.

Änderungen des Angebots

Ähnlich wie bei der Nachfrage können Änderungen des Angebots durch Verschiebung der Angebotskurve oder durch eine Bewegung an ihr entlang erklärt werden.

Der Leser sollte sich das an Hand von Abb. 1.7 selber klarmachen. Er sollte vielleicht zunächst prüfen, wie höhere oder niedrigere Preise Ford dazu zwingen, sich an der Angebotskurve S_1S_1 entlang zu bewe-

Abbildung 1.7

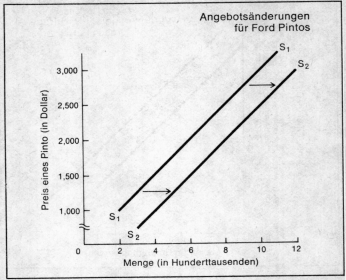

gen und dabei mehr oder weniger Wagen anzubieten. Er sollte sich
aber auch überlegen, wie niedrigere Kosten Ford dazu bewegen könnten, bei jedem Preis mehr Pintos anzubieten (d. h. eine Verschiebung
der Angebotskurve von S_1S_1 nach S_2S_2).

Angebots- und Nachfrageänderungen

Wenn Angebots- und Nachfrageveränderungen zusammen betrachtet
werden, kann man erklären, wie es zu Preisbewegungen kommt. In
Abb. 1.8 sehen wir, welche Auswirkungen eine Erhöhung oder eine
Verringerung der Nachfrage auf den Preis der Pintos hat (wobei die
Angebotsbedingungen gleichbleiben sollen).

Eine Steigerung der Nachfrage nach Ford Pintos kann sowohl als
eine *Verschiebung* der Nachfragekurve von D_1D_1 nach D_2D_2 als auch
als eine *Bewegung* entlang der Angebotskurve SS nach rechts oben erklärt werden. Beide Beschreibungen treffen zu. Wie man es auch inter-
pretieren mag, entscheidend ist, daß Ford *mehr* Pintos zu einem *höheren* Preis verkaufen kann. Der Absatz ist von 600 000 auf 800 000, der
Preis von $ 2000 auf $ 2500 gestiegen. Natürlich ist an diesem für

Abbildung 1.8

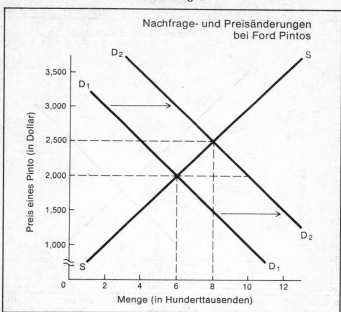

Nachfrage- und Preisänderungen
bei Ford Pintos

Ford höchst erfreulichen Ergebnis nichts geheimnisvoll. Wir haben einfach unterstellt, daß sich die Nachfrage (z. B. von Volkswagen oder
Chevrolets) auf Pintos verlagert hat. Bei dem anderen Beispiel, als
Ford nur zu einem niedrigeren Preis mehr verkaufen konnte, haben
wir angenommen, daß sich die Nachfrage *nicht* zugunsten der Pintos
verschoben hat.

Ähnlich ist es in Abb. 1.8. Einer Abnahme der Nachfrage entspricht
hier eine Verschiebung der Nachfragekurve von D_2D_2 nach D_1D_1. Wir
nehmen jetzt an, die Konsumenten würden statt Pintos lieber Volkswagen nachfragen. Dann wird Ford *weniger* Wagen zu einem *niedrigeren* Preis verkaufen (vorausgesetzt, die Angebotskurve bleibt unverändert).

Im folgenden soll die Nachfrage nach Pintos unverändert bleiben,
wenn wir uns mit den Veränderungen des Angebots befassen (Abb. 1.9).

Eine Erhöhung des Angebots wirkt sich in einer Verschiebung der
Kurve von S_1S_1 nach S_2S_2 aus. Aus irgendeinem Grund – vielleicht
wegen niedrigerer Stückkosten oder verstärkter Konkurrenz durch
Volkswagen – bietet Ford jetzt zu jedem Preis, den die Konsumenten
zu zahlen bereit sind, mehr Pintos an. Das ist eine *Verschiebung* der

Abbildung 1.9

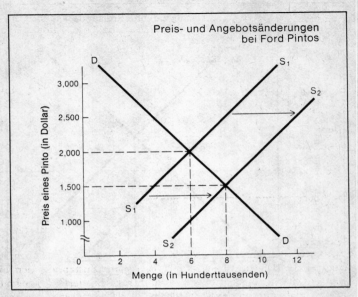

Preis- und Angebotsänderungen
bei Ford Pintos

Angebotskurve nach außen oder eine *Bewegung entlang* der Nachfragekurve nach außen. Bei unveränderten Nachfragebedingungen verkauft Ford mehr Pintos – zu niedrigeren Preisen; während Ford zuvor 600 000 Pintos zu einem Stückpreis von $ 2000 verkauft hat, werden jetzt 800 000 Stück zum Preis von je $ 1500 abgesetzt.

Unter Angebotsverminderung versteht man eine Bewegung von S_2S_2 zurück nach S_1S_1. Nehmen wir einmal an, die Produktionskosten bei Ford steigen aus irgendeinem Grund. Ford kann bei höheren Preisen weniger Pintos verkaufen. Die Angebotskurve hat sich verschoben; sie hat sich entlang der Nachfragekurve zurückbewegt, so daß die Preise gestiegen sind und der Absatz zurückgegangen ist.

Es ist klar, daß sich in der Wirklichkeit *beide* Kurven innerhalb eines bestimmten Zeitraums verschieben können. Man kann daher gewöhnlich weder sagen, welche Kurve sich verschoben hat, welche an ihrer alten Stelle geblieben ist oder um wieviel sich eine Kurve verschoben hat.

Partielles und allgemeines Gleichgewicht

In einer partiellen *Gleichgewichtsanalyse* untersucht man, wie sich Angebot und Nachfrage für ein einzelnes Gut (Ford Pinto) auf einem einzelnen Markt aneinander anpassen und wie sich ein Gleichgewichtspreis bildet. (Das ist der Preis, bei dem Angebot und Nachfrage mengenmäßig übereinstimmen.) Die partielle Gleichgewichtsanalyse ist ein erster nützlicher Schritt; noch wichtiger aber ist das Verständnis der wechselseitigen Abhängigkeit aller Anpassungsprozesse in einer Wirtschaft.

Bei den Ford Pintos hängen Angebot und Nachfrage nicht allein vom Preis ab; Einkommensänderungen bei den Konsumenten und Preisänderungen bei den Konkurrenten Chevrolet und Volkswagen beeinflussen ebenfalls die Nachfrage. Das Angebot an Pintos wird von den Kosten bestimmt, also z. B. von den Löhnen der Arbeiter und den Preisen für Stahl und Gummi. Wie wir sehen, sind die Anpassungsprozesse aller Märkte miteinander verbunden. Diesen Zusammenhang zwischen allen Anpassungsprozessen untersucht man in der *allgemeinen Gleichgewichtsanalyse*.

Eines ihrer zentralen Ergebnisse lautet: Es ist nahezu unmöglich, ein allgemeines Gleichgewicht zu erreichen, d. h. einen Zustand, in dem auf keinem Markt Überangebot oder Übernachfrage existiert. Wir nehmen einmal an, daß nur auf zwei Märkten kein Gleichgewicht herrscht. Wenn bei dem einen der beiden Güter, die nicht zu Gleichgewichtsbedingungen getauscht werden, ein Überangebot und bei dem anderen ein Nachfrageüberhang besteht, so wird sich der Preis des ersten Gutes verringern und der des zweiten erhöhen. Durch diesen Anpassungsvorgang entstehen aber zwangsläufig auf vielen anderen Märkten Ungleichgewichte, denn Angebot und Nachfrage vieler anderer Güter werden von den Preisänderungen bei diesen beiden Gütern berührt. Deshalb verändern sich auch die Preise auf den anderen Märkten. Jeder dieser Preise wirkt aber wieder auf Angebot und Nachfrage neuer Güter, so daß auch bei ihnen das Gleichgewicht gestört wird.

Ein Ungleichgewicht, das ursprünglich nur auf zwei Märkten bestanden hat, kann sich also rasch auf Hunderte und Tausende anderer Märkte ausbreiten. Solange man nur einen Markt betrachtet, scheinen sich Angebot und Nachfrage denkbar einfach und direkt auf ein Gleichgewicht hin zu bewegen; die Funktionsweise des Marktsystems ist aber viel schwieriger und komplizierter, wenn man an den vielfältigen Zusammenhang aller Märkte denkt. Von nur wenigen Preisänderungen gehen so viele unmittelbare und mittelbare Folgewirkungen aus, daß man leicht versteht, warum die Geschichte kapitalistischer Wirtschaftssysteme von ausgedehnten Ungleichgewichten gekennzeichnet ist. (Ihre Auswirkungen auf Beschäftigung und Inflation werden im zweiten Band untersucht.)

Der Markt als Allokationssystem

Eines der Kernprobleme der Ökonomie besteht darin, knappe Güter ihrer Verwendung zuzuführen[2]. Vielleicht ist dies das allgemeinste ökonomische Problem aller Gesellschaften, denn es ist noch nirgends gelungen, so viel zu produzieren, daß alle Bedürfnisse und Wünsche der Menschen erfüllt werden. Für die Ökonomen ist jedes Gut ein *knappes Gut*, bei dem die Nachfrage das Angebot übersteigen würde, *wenn das Gut kostenlos in beliebiger Menge abgegeben würde*. Offensichtlich sind die meisten Dinge, die die Menschen begehren, knappe Güter.

Jede Gesellschaft muß ein System zur Verteilung der knappen Güter erfinden. In einer Sklavenwirtschaft erhalten die Sklaven – wie Haustiere – gerade genug, um halbwegs gesund zu bleiben, arbeiten zu können und sich vermehren zu können. Der Rest von dem, was die Gesellschaft insgesamt produziert, fällt ihren Herren zu. Im Feudalismus bestimmten weitgehend die Bedingungen der Lehnswirtschaft, an wen die Güter verteilt und wie sie eingesetzt wurden. Der Leibeigene im Feudalsystem erhielt – wie der Sklave – nur ein minimales Einkommen, um seine Weiterexistenz zu sichern. Demgegenüber bekamen die Landherren – wie die Sklavenherren – einen weit größeren Teil vom Produktionsergebnis.

In einer kapitalistischen Wirtschaft bestimmt der Markt, was mit den knappen Gütern geschieht. Übersteigen die Bedürfnisse der Bevölkerung das Angebot eines Gutes – und das ist meistens der Fall –, so erhalten nur die das begehrte Gut, die dafür den höchsten Preis zahlen wollen und können.

So kann es durchaus sein, daß viele Leute einen Ford Pinto wirklich benötigen, aber den gegenwärtigen Preis einfach nicht bezahlen können. Angenommen, die Regierung fixiert den Preis durch Gesetz *unter* dem Gleichgewichtspreis, so gibt es weiterhin zwei Gruppen, die vom Kauf ausgeschlossen sind: Die einen, denen auch der neue, niedrigere Preis zu hoch ist, und die anderen, die sich nicht schnell genug in die Warteschlange eingereiht haben; als sie an die Reihe kamen, gab es keine Pintos mehr. Auch diese Gruppe ist vom Kauf ausgeschlossen, obwohl sie den festgesetzten Preis zahlen würde. Versorgungslücken dieser Art könnten in den USA etwas Alltägliches werden, falls die

---

[2] Der gängige Ausdruck in den Lehrbüchern für »knappe Güter ihrer Verwendung zuführen« lautet Allokation der Ressourcen (H. S.).

Ende 1971 eingeführten Lohn- und Preiskontrollen eine Dauereinrichtung bleiben. In einigen sozialistischen Ländern (z. B. in der Sowjetunion) ist diese Art der Preisbildung die Regel. Das erklärt die häufigen Berichte über »Versorgungslücken« und Warteschlangen in den sozialistischen Staaten.

Solange die Regierung nicht die Preise festsetzt, gelangen in einem kapitalistischen Wirtschaftssystem die Märkte offensichtlich von selbst ins Gleichgewicht, d. h. die Versorgungslücken verschwinden. Doch muß man mit aller Deutlichkeit darauf hinweisen, daß der ökonomische Begriff der *Versorgungslücke* nichts mit Überfluß oder Mangel im Verhältnis zu den Bedürfnissen der Bevölkerung zu tun hat. »Versorgungslücke« bezieht sich lediglich auf die *in Geld ausgedrückte* Nachfrage zahlungswilliger Konsumenten.

Zur Verdeutlichung stellen wir uns zwei Volkswirtschaften vor: In der einen soll ein funktionierender Marktmechanismus bestehen, in der anderen sollen die Güter kostenlos an den abgegeben werden, der sich zuerst meldet. Gibt es in der ersten nur wenig Lebensmittel, so erhält eine winzige Oberschicht den Löwenanteil des kärglichen Güterangebots. Solange alle Märkte im Gleichgewicht sind, bestehen im ökonomischen Sinn keine Versorgungslücken, mögen auch noch so viele verhungern. In der anderen Wirtschaft soll es Güter im Überfluß geben, die kostenlos verteilt werden. Jeder ist in ihr – selbst wenn man ihn mit den wohlhabendsten Mitgliedern der ersten Gesellschaft vergleicht – recht gut versorgt. Trotzdem besteht hier eine Versorgungslücke im ökonomischen Sinn, wenn einige mehr Güter haben wollen, als ihnen zur Verfügung gestellt werden.

Es ist wichtig, daß man versteht, was Ökonomen mit dem Begriff Versorgungslücke meinen. Die Behauptung, eine Marktwirtschaft habe weniger Versorgungslücken als eine geplante (nicht marktmäßig organisierte) Wirtschaft, wird fälschlicherweise oft interpretiert, als ob in einer Marktwirtschaft das materielle Wohlergehen der Bevölkerung höher als in einer Planwirtschaft sei. Ob die Wohlfahrt dort höher oder niedriger ist, hat nichts mit der Existenz von Versorgungslücken zu tun. In Wirklichkeit haben sich die Gesellschaften, die nicht den Markt als Allokationssystem einsetzen, für ein nichtmonetäres Allokationssystem entschieden. Dort sind nicht mehr diejenigen vom Konsum ausgeschlossen, die den Marktpreis nicht zahlen können, aber man muß dort ein anderes Verteilungsprinzip anwenden.

Wie kann man den Marktmechanismus mit anderen Lenkungssystemen vergleichen und wie kann man ihn bewerten? Bei einem solchen Bewertungsversuch muß man vieles gegeneinander abwägen. Der Markt verteilt knappe Güter mit einem Minimum an Aufwand und bürokratischer Schwerfälligkeit, reibungslos und unpersönlich. Zum Vergleich betrachten wir zwei andere weitverbreitete Lenkungssysteme. Das erste ist die Rationierung mit Karten; sie gab es z. B. während des Zweiten Weltkrieges in den USA und in Deutschland. Die Karten begrenzen die Menge, die ein einzelner von einem knappen Gut erwerben kann (wobei völlig außer Betracht bleibt, wieviel Geld er hat). Dann gibt es das sogenannte Windhund-Verfahren oder Gänsemarsch-Prinzip. Bei ihm werden automatisch diejenigen am Ende der Warteschlange vom Kauf ausgeschlossen, wenn das betreffende Gut ausgeht.

Das erste Verfahren verlangt eine kostspielige und träge Bürokratie, ohne die man die Karten weder verteilen noch kontrollieren kann. Beim zweiten Verfahren verlieren die Leute viel Zeit, wenn sie in einer Schlange warten müssen.

Was Bequemlichkeit und Leistungsfähigkeit anbetrifft, ist der Markt vermutlich den beiden anderen Steuerungsmechanismen überlegen. (Die Überlegenheit bezieht sich aber nur auf die *Effizienz des Verteilungsprozesses;* sie hat nichts damit zu tun, daß in einem kapitalistischen System Güter und Dienstleistungen *technologisch effizienter* als in anderen Systemen produziert werden).

Das Marktsystem wird jedoch oft kritisiert, weil es eine ungleichmäßige und ungerechte Verteilung der knappen Güter hervorbringt. In einem privatkapitalistischen System (wie in den USA) kommt der überwiegende Teil der Profite nur einer kleinen Minderheit zugute. Das Marktsystem ruft eine einseitige Konzentration von Einkommen und Kaufkraft hervor. Viele Ökonomen sind daher der Ansicht, daß eine Marktwirtschaft wegen dieser Einkommenskonzentration praktisch nur für die Wohlhabenden produziert. Z. B. wirkt das marktwirtschaftliche System im medizinischen Sektor so, daß die psychiatrische Behandlung der neurotischen Schoßhunde der Reichen vor der medizinischen Betreuung von Kindern aus armen Familien Vorrang genießt.

Um diesen letzten Punkt näher zu beleuchten, stellen wir uns eine Gesellschaft auf einer Insel vor, die von Zeit zu Zeit von einer Seuche heimgesucht wird, die allerdings nur für Kinder gefährlich ist. Aus früheren Erfahrungen weiß man, daß ihr etwa 80 % der Kinder erliegen. Man verfügt auf der Insel auch über einen Impfstoff, der die Sterbewahrscheinlichkeit verringert, wenn er vor Ausbruch der Seuche verabreicht wird. Infiziert sich ein ungeimpftes Kind, so stirbt es mit einer Wahrscheinlichkeit von 90 %. Bei einer Impfung reduziert sich die Sterbewahrscheinlichkeit auf 10 %, bei zwei Impfungen auf 8 %, bei drei auf 6 % und bei vier auf 5 %. Erhöht man die Anzahl der Impfungen über vier hinaus, so ändert sich nichts mehr, und die Sterbewahrscheinlichkeit bleibt bei 5 %.

Nehmen wir an, auf der Insel gibt es 1000 Kinder, und die Inselbewohner haben bis zu den ersten Anzeichen eines neuen Ausbruchs der

Seuche 1000 Einheiten des Impfstoffs hergestellt. Er muß sofort verabreicht werden, wenn das Leben der Kinder gerettet werden soll. Welches Verteilungssystem sollten die Inselbewohner für dieses höchst wichtige und knappe Gut anwenden? Wenn die Regierung der Insel den
Impfstoff so rationiert, daß jedes Kind eine Impfung erhält, so würde
sich vermutlich folgendes ergeben: 800 Kinder werden erkranken; da
aber jedes Kind geimpft ist, werden nur 80 sterben und 920 werden
die Epidemie überleben.

Nun gehen wir davon aus, daß die Einkommensverteilung auf der
Insel exakt der in den USA von heute entspricht. Die Inselbewohner
überlassen das Verteilungsproblem dem Marktmechanismus des kapitalistischen Wirtschaftssystems, so daß sich der Impfstoff wie das Einkommen verteilt. Das Resultat wäre: Die 250 Kinder mit den reichsten
Eltern werden je viermal geimpft. Von ihnen werden etwa 200 erkranken, 10 davon tödlich. 600 der übrigen 750 Kinder werden ebenfalls
erkranken, und 540 von ihnen werden sterben.

Wenn sie den Markt als Verteilungssystem aufgeben würden, könnten die Inselbewohner 920 von 1000 Kindern retten. Geht man von der
ungleichen Einkommens- und Vermögensverteilung eines privatwirtschaftlichen Systems aus, so würden die Inselbewohner 450 Kinder retten und 550 würden der Seuche zum Opfer fallen. Das ist zugegebenermaßen ein ziemlich ausgefallenes Beispiel mit hypothetischen Prozent-
sätzen, aber es unterstreicht drastisch den entscheidenden Punkt. Jedem,
der sich über die entmutigenden medizinischen Verhältnisse für die
breite Bevölkerung in den USA informieren möchte, sei *Don't Get Sick
in America*[3] empfohlen. Diese präzise Studie zeigt, daß unser Beispiel
nicht so übertrieben ist, wie es zunächst scheinen mag.

Ob man sich für oder gegen das Marktsystem entscheidet, hängt
letzten Endes davon ab, ob man die Leistungsfähigkeit und Anonymi-
tät des Marktes höher als die Ungleichheit bewertet, die er hervorruft.
So schreibt ein Verteidiger des kapitalistischen Systems: »Die Überlegenheit des Kapitalismus zeigt sich am deutlichsten in der simplen Er-
fahrung, daß der Markt am besten weiß, wie und wo das knappe Gut
Kapital einzusetzen ist.«[4] Ein Systemkritiker sieht das anders: »Ver-

---

[3] D. Schnorr, Don't Get Sick in America, Nashville, Tenn., 1970.
Die Verhältnisse im Gesundheitswesen lassen sich nicht von den USA auf
Europa übertragen, da hier schon seit Jahrzehnten eine Sozialversicherung
besteht. Immerhin zeigt aber die aktuelle Auseinandersetzung um die Qualität der ärztlichen Versorgung in den verschiedenen Pflegeklassen der Kranken-
häuser und um die Bevorzugung der Privatpatienten vor den Kassenpatienten,
daß auch in der Bundesrepublik eine Ungleichbehandlung als Folge des
Marktsystems zu verzeichnen ist (H. S.).
[4] S. Webley, The Utilization of Capital, in M. Ivens und R. Dunstan (Hrsg.),
The Case for Capitalism, London 1967, S. 41.

käufer und Käufer haben nicht die gleiche Verhandlungsstärke – das ist offensichtlich der Hauptgrund dafür, daß die vielgerühmte Vertragsfreiheit niemals so viel Freiheit beinhaltet hat, wie es immer behauptet wird. Die Austauschbedingungen auf einem Markt spiegeln nur die Macht und Ohnmacht wider, mit der die Parteien ausgestattet sind. Der Markt ist das finanzielle Schlachthaus, in dem die Starken die Schwachen niedermachen.«[5]

Auch die »Leistungsfähigkeit« der kapitalistischen Marktwirtschaft ist oft angezweifelt worden. Wie wir in Kapitel 4, 5 und 6 sehen werden, wäre eine optimale Anordnung der Produktionsfaktoren nur bei vollkommener Konkurrenz möglich; die USA sind jedoch – wie auch die anderen hochindustrialisierten Staaten – von einer starken Monopolisierung gekennzeichnet. Im 8. Kapitel werden wir zeigen, daß sich die Diskriminierung gesellschaftlicher Gruppen auch auf dem Markt zeigt und durch ihn noch verstärkt wird. Im zweiten Band werden wir feststellen, daß sich der »effiziente« Faktoreinsatz nur auf *beschäftigte* Faktoren bezieht; es ist aber durchaus möglich, daß viele Faktoren (Menschen und Sachkapital) unbeschäftigt bleiben. Wir sehen dann auch, daß einzelwirtschaftliche Effizienz nicht gesamtwirtschaftliche Kosten (*social costs*) berücksichtigt (wie z. B. Umweltverschmutzung). Im zweiten Band werden wir außerdem sehen, wozu die »Effizienz des Marktsystems« auf den internationalen Märkten führt, von denen die unterentwickelten zwei Drittel der Welt abhängen.

Zusammenfassung

In einer Konkurrenzwirtschaft bestimmt das Verhältnis von Angebot und Nachfrage den Preis. Die Nachfrage hängt von den Bedürfnissen und den Einkommen der Konsumenten ab; wer kein Geld hat, kann keine Güter kaufen. *Nur* bei vollkommener Konkurrenz führt der Marktmechanismus zur optimalen Allokation der Ressourcen, d. h. nur bei vollkommener Konkurrenz werden die Produktionsfaktoren so auf die verschiedenen Branchen verteilt, daß jede Branche genau die Menge produziert, die der wirksamen Nachfrage nach ihrem Produkt entspricht. (Auf dem Markt ist nur die Nachfrage wirksam, die sich in Geld äußert.) Das Angebot der Unternehmen hängt von ihren Produktionskosten ab; steigen die (Stück-)Kosten mit der Produktions-

[5] D. T. Baxelon, The Paper Economy, New York 1963, S. 52. – Zu kritischen Darstellungen des kapitalistischen Systems in deutscher Sprache vgl. etwa Kursbuch 21 (Kapitalismus in der Bundesrepublik), Berlin 1970 oder J. Huffschmid, Die Politik des Kapitals, 7. Auflage, Frankfurt: 1971 – (H. S.).

menge, so wird nur zu einem höheren Preis mehr angeboten. Bei einem höheren Preis fragen aber die Konsumenten weniger nach; der Gleichgewichtspreis ist erreicht, wenn schließlich genauso viel angeboten wie nachgefragt wird. Verteidiger der Marktwirtschaft heben die (allerdings eng definierte) Effizienz dieses Systems hervor, in dem der private Profit das zentrale Steuerungselement ist.

2. Preisbildung:
Nutzen oder Arbeitswert?

Im ersten Kapitel wurde gezeigt, wie der Marktmechanismus in einem kapitalistischen System knappe Güter unter Produzenten und Konsumenten verteilt. Es wurde gezeigt, daß sich Preise mechanisch nach dem Verhältnis von Angebot und Nachfrage bilden. Jetzt geht es darum, wovon Angebot und Nachfrage auf einem Markt ihrerseits abhängen. Wir untersuchen dabei zuerst das Konsumentenverhalten und dann das Unternehmerverhalten. Schließlich stellen wir den Zusammenhang zwischen unseren Ergebnissen und der Wert- und Preistheorie dar.

Nutzen und Nachfrage

In einer Marktwirtschaft beeinflußt die Konsumentennachfrage die Verteilung der Produktionsfaktoren auf die verschiedenen Branchen. (Das Gewicht der Konsumbedürfnisse hängt dabei davon ab, wieviel Geld die Konsumenten für ihre Bedürfnisse ausgeben können.) Nach Ansicht der neoklassischen Ökonomen (von frühen Theoretikern wie Stanley Jevons bis zu den Verfassern der Lehrbücher von heute) hängt die Nachfrage von dem Nutzen ab, den die Konsumenten aus den verschiedenen Gütern ziehen. Der *Nutzen* ist die Befriedigung, die der Konsum eines Gutes bereitet. In den meisten ökonomischen Lehrbüchern findet sich die Meinung, daß es allein vom Nutzen eines Gutes abhängt, wieviel man dafür zahlen will oder wieviel man davon bei verschiedenen Preisen kaufen will. Diese Ansicht über die Bedeutung des Nutzens kann man jedoch nicht ungeprüft übernehmen.

aber: Erstens wird den Konsumenten häufig durch falsche und irreführende Werbung eingeredet, sie hätten an einem Gut mehr Freude, als es tatsächlich möglich ist. Sie kaufen dann ein solches Gut und stellen enttäuscht fest, daß sie ihm wenig oder nichts abgewinnen können. Zweitens werden viele Verhaltensweisen nicht durch die Suche nach Genuß, Befriedigung oder Nutzen gesteuert, sondern durch Gewohnheit, Habgier, Impulse oder ein Dutzend anderer Motive, die ein Psychologe nennen könnte. Drittens – und dieses Argument hat die größte Allgemeingültigkeit – schafft eine Konsumgesellschaft bei vielen Konsumenten eine Art »Einkaufsmentalität«. Zweck vieler Käufe ist manchmal einfach, Geld auszugeben – und nicht die Befriedigung wirklicher Wünsche oder Bedürfnisse. Das wird in neueren psychologischen Veröffentlichungen über das Gefühl der inneren Leere und der Entfremdung hervorgehoben[1].

Wir sind daher der Ansicht, daß das Konsumentenverhalten auch von vielen anderen Einflüssen bestimmt wird, die man nicht einfach als »Befriedigung« oder »Genuß« aus dem Konsum von Gütern erklären kann. Da der Begriff »Nutzen« aber fast immer für die Erklärung der Nachfrage verwendet wird, werden wir ihn beibehalten, jedoch umdefinieren. »Nutzen« soll ein Synonym für Bedürfnis sein. Wenn wir sagen, ein bestimmtes Gut bringe einer bestimmten Person Nutzen, so meinen wir damit einfach, daß diese Person ein *Bedürfnis* hat, das Gut zu kaufen. Es mag sich um ein vernünftiges Bedürfnis handeln, dessen Befriedigung tatsächlich die Lage des Konsumenten verbessert; es kann aber auch ein irrationales, gesundheitsschädliches Bedürfnis sein, dessen Befriedigung gefährliche Folgen hat. Man kann also nicht von vornherein sagen, ob die Befriedigung eines bestimmten Bedürfnisses als moralisch »gut« oder »schlecht« anzusehen ist.

Sinkender Grenznutzen
(Erstes Gossensches Gesetz)

Unsere Untersuchung der Nachfragetheorie beginnt mit dem Prinzip des sinkenden Grenznutzens. Unter Grenznutzen versteht man das Bedürfnis, noch *eine weitere Einheit* eines Gutes zu konsumieren. Das Grenznutzen-Prinzip besagt, *daß das Bedürfnis nach einer weiteren Einheit eines Guts (d. h. der Grenznutzen) um so stärker abnimmt, je mehr man schon von diesem Gut konsumiert hat.*

Beispielsweise mag man an einem heißen Sommertag das starke Bedürfnis nach einem Glas Bier haben. Hat man eins getrunken, so ist das Bedürfnis nach einem weiteren Glas nicht mehr ganz so stark. Nach zwei Gläsern hat sich das Verlangen nach einem dritten Glas sicher schon beträchtlich verringert (oder ganz aufgehört). Man kann das auch anders ausdrücken: der Grenznutzen nimmt ab, wenn man ein Bier mehr konsumiert.

Wie Konsumenten den Nutzen maximieren

Wenn die Konsumenten ihr Einkommen ausgeben, wollen sie einen möglichst großen Nutzen damit erzielen; sie versuchen, *ihren Nutzen*

---

[1] Vgl. dazu die Diskussion bei Fromm, The Sane Society, New York 1965.

zu maximieren. Mit ihrem Einkommen können sie verschiedene *Güterbündel* erwerben. Sie bemühen sich, das Bündel herauszufinden, das am
ehesten ihre Bedürfnisse befriedigt – d. h. sie bemühen sich, den Nutzen
zu maximieren.

Wir nehmen an, eine Person kann ihr Einkommen nur für drei Güter ausgeben: Äpfel, Brot und Kuchen. Mit welchen Mengen maximiert
der Konsument seinen Nutzen? Er muß von jedem Gut so viel erwerben, daß die folgende Bedingung erfüllt ist:

$$\frac{\text{Grenznutzen der Äpfel}}{\text{Preis der Äpfel}} =$$

$$\frac{\text{Grenznutzen des Brots}}{\text{Preis des Brots}} =$$

$$\frac{\text{Grenznutzen des Kuchens}}{\text{Preis des Kuchens}}$$

Sind alle drei Brüche gleich groß, so wird der Nutzen maximiert. Der
letzte Dollar, der für Äpfel ausgegeben wird, bringt genausoviel Nutzen wie wenn er für Brot oder Kuchen ausgegeben würde. Ein Zahlen-
beispiel soll dieses Prinzip verdeutlichen.

Tabelle 2.1

Menge (in Pfund)	Grenznutzen der Äpfel (in Nutzeneinheiten)	Grenznutzen der Äpfel pro Dollar (Preis: $ 1,00)	Grenznutzen von Brot (in Nutzeneinheiten)	Grenznutzen von Dollar Brot pro Dollar (Preis: $ 2,00)	Grenznutzen von Kuchen (in Nutzeneinheiten)	Grenznutzen von Kuchen pro Dollar (Preis: $ 3,00)
1	12	12	24	12	30	10
2	11	11	22	11	27	9
3	10	10	20	10	24	8
4	9	9	18	9	21	7
5	8	8	16	8	18	6
6	7	7	14	7	15	5

Tabelle 2.1 enthält Mengenangaben für Äpfel, Brot und Kuchen,
und zwar jeweils von 1 bis 6 Pfund. In der Waagerechten der Tabelle
läßt sich bei jedem Gut und jeder Menge der Grenznutzen und der
Grenznutzen pro Dollar ablesen (die Tabelle gibt Nutzeneinheiten an).

In der Realität ist es natürlich keineswegs gewährleistet, daß jeder Konsument seinen subjektiven Nutzen genau abschätzt oder eine Vorstellung davon hat, wieviel Nutzen ihm eine zusätzliche Gütereinheit stiftet. (Könnte man selber beurteilen, ob man lieber einen zusätzlichen Laib Brot oder einen Apfel hätte?)

Dennoch hilft die Theorie, das Konsumentenverhalten ein wenig näher zu beleuchten. Ein Konsument mit einem Einkommen von $ 24 soll 6 Pfund Kuchen für $ 18, 2 Pfund Brot für $ 4 und 2 Pfund Äpfel für $ 2 kaufen. Er gibt sein ganzes Einkommen von $ 24 aus, aber er hat nicht den höchstmöglichen Nutzen mit seinem Einkommen erreicht. Die Brüche Grenznutzen/Preis sind bei den drei Gütern unterschiedlich groß. Die Zahlenwerte lauten:

bei Äpfeln:
$$\frac{11 \text{ Nutzeneinheiten}}{\$ 1} = 11 \text{ Nutzeneinheiten für den letzten Dollar}$$

bei Brot:
$$\frac{22 \text{ Nutzeneinheiten}}{\$ 2} = 11 \text{ Nutzeneinheiten für den letzten Dollar}$$

bei Kuchen:
$$\frac{15 \text{ Nutzeneinheiten}}{\$ 3} = 5 \text{ Nutzeneinheiten für den letzten Dollar}$$

Der Nutzen, den er aus dem letzten Dollar für Kuchen gezogen hat (5 Einheiten), ist beträchtlich kleiner als die Grenznutzen pro Dollar bei den anderen Gütern (11 Einheiten). Offensichtlich könnte dieses Individuum seinen Nutzen erhöhen, wenn es statt Kuchen mehr Brot und Äpfel kauft.

Wenn der Konsument 3 Pfund Kuchen weniger kauft, verliert er 54 Nutzeneinheiten; aber er kann jetzt $ 9 mehr für Äpfel und Brot ausgeben. Mit diesen $ 9 kauft er weitere 3 Pfund Äpfel (wodurch er 27 Nutzeneinheiten erhält) und weitere 3 Pfund Brot (was ihm 54 Nutzeneinheiten bringt). Wenn der Konsument also seinen Einkaufsplan um $ 9 ändert, verliert er einerseits 54 Nutzeneinheiten und gewinnt auf der anderen Seite 81 Nutzeneinheiten dazu.

Das zweite Güterbündel enthält offensichtlich mehr Nutzeneinheiten als das erste. Zählt man die Nutzeneinheiten des ersten Bündels zusammen, so gibt es eine Summe von 204 Einheiten (6 Einheiten Kuchen = 135 Nutzeneinheiten; 2 Einheiten Brot = 46 Nutzeneinheiten; 2 Einheiten Äpfel = 23 Nutzeneinheiten). Das zweite Güterbündel enthält insgesamt 231 Nutzeneinheiten (3 Einheiten Kuchen = 81 Nutzeneinheiten; 5 Einheiten Brot = 46 Nutzeneinheiten; 5 Einheiten Äpfel = 50 Nutzeneinheiten). Die Verhältnisse

$$\frac{\text{Grenznutzen eines Guts}}{\text{Preis des Guts}}$$

betragen bei dem zweiten Güterbündel:

für Äpfel: $\dfrac{8 \text{ Nutzeneinheiten}}{\$ 1} =$ 8 Nutzeneinheiten für den letzten Dollar

für Brot: $\dfrac{16 \text{ Nutzeneinheiten}}{\$ 2} =$ 8 Nutzeneinheiten für den letzten Dollar

für Kuchen: $\dfrac{24 \text{ Nutzeneinheiten}}{\$ 3} =$ 8 Nutzeneinheiten für den letzten Dollar

Demnach ist die Bedingung für ein Maximum erfüllt; sie lautet:

$$\frac{8}{\$ 1} = \frac{16}{\$ 2} = \frac{24}{\$ 3}$$

Jetzt kann man nicht mehr die Einkaufsmengen der Güter verändern, ohne daß sich der Nutzen verringert. Der Leser sollte das selber einmal ausprobieren, um sich davon zu überzeugen, daß ein Nutzenmaximum vorliegt.

Wir können jetzt zeigen, warum Nachfragekurven nach rechts fallen, d. h. warum die nachgefragte Menge steigt, wenn der Preis *sinkt* (vgl. Kapitel 1). Wir gehen von einer Situation aus, in der alle Konsumenten ihren Nutzen maximieren – d. h. sie haben die Verhältnisse von Grenznutzen zu Preis bei allen Gütern aneinander angeglichen. Man kann dann verfolgen, wie sich eine Preissenkung auswirkt.

Wenn der Preis eines Gutes – etwa der Äpfel – sinkt, so stellen die Konsumenten fest, daß der Nutzen, den ihnen der letzte für Äpfel ausgegebene Dollar bringt, größer ist als der des letzten Dollars, der für ein anderes Gut ausgegeben wird. Die Konsumenten würden daher sofort ihre Käufe von anderen Gütern auf Äpfel verlagern. Bei einer Senkung des Apfelpreises nimmt also die nachgefragte Menge zu.

Aber wovon hängt es genau ab, in welchem Ausmaß sich die Nachfrage auf die Äpfel verlagert? Um wieviel wird die Nachfrage nach Äpfeln *genau* zunehmen, wenn der Apfelpreis um einen bestimmten Betrag sinkt? Das hängt vom Grenznutzen der Äpfel (das Bedürfnis nach einem weiteren Apfel) im Verhältnis zum Grenznutzen der anderen Güter (dem Bedürfnis nach mehr Brot und Kuchen) ab. Wenn die Konsumenten mehr und mehr Äpfel kaufen, sinkt ihr Bedürfnis nach einem zusätzlichen Apfel (ein Beispiel für das Gesetz des sinkenden Grenznutzens). Gleichzeitig kaufen die Konsumenten weniger andere

Güter (weniger Brot und weniger Kuchen). Folglich *steigt* der Grenznutzen dieser Güter (vgl. auch Tab. 2.1). Ihr Bedürfnis nach einem zusätzlichen Stück Brot oder Kuchen wird jetzt gesteigert. Dieser Vorgang hört erst dann auf, wenn der Grenznutzen eines zusätzlichen Dollars für mehr Äpfel bei dem niedrigeren Preis genauso groß ist wie der eines zusätzlichen Dollars für Brot oder Kuchen (zu ihren alten, unveränderten Preisen).

Nachfrageelastizität

In der Ökonomie charakterisiert man Nachfragekurven dadurch, <u>wie stark die Nachfrage auf</u> eine Preisänderung <u>reagiert</u>. Wenn sich eine kleine Preisvariation (nach oben oder unten) sehr stark auf die nachgefragte Menge auswirkt, so spricht man von einer *elastischen* <u>Nachfrage</u>. Wenn aber selbst eine erhebliche Preisänderung die Nachfragemenge praktisch nicht beeinflußt, so spricht man von einer *unelastischen* Nachfrage.

Welche Güterarten besitzen nun eine elastische Nachfrage (große *elastis.* Reaktionen auf Preisänderungen)? Vor allem <u>Luxusgüter,</u> wie Kinobesuche, Kuchen oder Cadillacs. Der Konsument wird sich über eine Preissenkung freuen und ein Stück Kuchen kaufen, ins Kino gehen oder ein neues Auto kaufen. Wenn aber der Preis eines solchen Luxusguts steigt und sein Einkommen gleich bleibt, so wird der Konsument dort Ausgaben einsparen und sich statt dessen Güter kaufen, die er dringender benötigt. Die Nachfrage nach Luxusgütern reagiert sehr empfindlich auf Preisänderungen; sie ist elastisch.

Die Nachfragekurve für Kuchen könnte wie in Abbildung 2.1 aussehen. Die Nachfrage ist elastisch; wenn der Preis sinkt, <u>nimmt die nachgefragte Menge überproportional</u> zu, so daß auch die Gesamtausgaben steigen (bzw. der Erlös des Verkäufers). Bei einem Preis von $ 3 werden nur 100 Kuchen verkauft und der Gesamterlös beträgt $ 300. Wenn aber der Preis auf $ 2 sinkt, so werden 300 Kuchen verkauft und der Gesamterlös steigt auf $ 600.

Welche Güter besitzen nun eine <u>unelastische Nachfrage</u> (kleine *unel.* Reaktion der nachgefragten Menge auf eine Preisänderung)? Das sind vor allem <u>lebensnotwendige Güter,</u> wie medizinische Versorgung und Grundnahrungsmittel. Wenn man Diabetiker ist und Insulin zum Leben braucht, dann wird man auch dann noch nahezu die gleiche Menge kaufen, wenn sich der Preis verdoppelt. Lebt man in China und ist Reis das Hauptnahrungsmittel, dann wird man sich zwar auch nach etwas anderem umsehen, wenn der Preis beträchtlich steigt, aber man

Abbildung 2.1

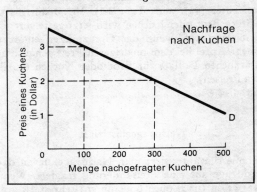

wird wohl immer noch viel Reis nachfragen. Sinkt der Reispreis, so wird man kaum viel mehr nachfragen, da die Ernährung ohnehin schon zu 80 % aus Reis besteht.

Die Nachfragekurve für Reis könnte in China etwa wie in Abbildung 2.2 aussehen. Die Nachfrage ist unelastisch: Wenn der Preis sinkt, steigt die Menge *unterproportional*, so daß der Gesamterlös sinkt. Bei einem Preis von $ 3 werden 100 Pfund abgesetzt, und der Gesamterlös beträgt $ 300. Aber wenn der Preis auf $ 1 sinkt, dann steigt die nachgefragte Menge nur auf 200 Pfund an; der Gesamterlös *sinkt* daher auf $ 200.

Abbildung 2.2

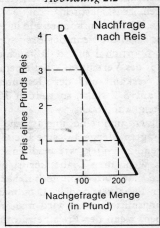

Das versteht man also unter elastischer bzw. unelastischer Nachfrage. Elastizität kann man exakter definieren als

$$\text{Elastizität} = \frac{\text{Steigerung der Nachfragemenge in \%}}{\text{Preissenkung in \%}}$$

Genausogut könnten wir allerdings auch die Nachfrageverringerung zu einer Preissteigerung in Beziehung setzen. Allgemein spricht man von dem *Verhältnis der prozentualen Mengenänderung zur prozentualen Preisänderung*.

Mit E bezeichnen wir die Elastizität, mit Q die nachgefragte Menge, mit P den Preis und mit Δ die Veränderung einer Größe.

Dann ist[2]

$$E = \frac{\Delta Q / Q}{\Delta P / P}$$

Die Nachfrageelastizität für Kuchen berechnet man folgendermaßen (vgl. Abbildung 2.1). Die nachgefragte Menge steigt um 200 ($= 300 - 100$). Die durchschnittliche Menge, auf die sich die Prozentangabe bezieht, ist $(300 + 100) : 2 = 200$. Der Preis sinkt um \$ 1 ($= \$ 3 - \$ 2$); Durchschnittspreis ist also $(\$ 3 + \$ 2) : 2 = \$ 2,5$.

Man erhält

$$E_{Kuchen} = \frac{200/200}{1/2,5} = \frac{1}{0,4} = \frac{100 \ \%}{40 \ \%} = 2,5$$

---

[2] Für diejenigen, die mathematische Formeln lieben, die Einzelheiten: Wir gehen von einer Bewegung entlang einer Nachfragekurve nach unten aus, von einem Punkt 1 zu Punkt 2. Die Mengenveränderung der Nachfrage beträgt dann:

$$\triangle Q = Q_1 - Q_2$$

Die Preisänderung beträgt dann:

$$\triangle P = P_2 - P_1$$

weil der Preis gesunken ist, während sich die Menge erhöht hat. Als Basis für die Prozentrechnung könnte man entweder

$$Q_1 \text{ oder } Q_2$$

verwenden, was zu unterschiedlichen numerischen Ergebnissen führen würde. Es ist Konvention bei den Ökonomen, daß man das arithmetische Mittel verwendet:

$$Q = \frac{Q_1 + Q_2}{2}$$

Ähnlich beim Preis:

$$P = \frac{P_1 + P_2}{2}$$

Die prozentuale Nachfrageänderung (100 %) ist viel größer als die prozentuale Preisänderung (40 %); daher ist die Nachfrage *elastisch*. Genauer gesagt, man kann die Nachfrage immer dann als elastisch bezeichnen, wenn E größer als 1 ist, und hier hat E den Wert 2,5.

Analog ermittelt man die Elastizität der Nachfrage bei Reis (vgl. Abbildung 2.2). Die Nachfrage ist um $200 - 100 = 100$ gestiegen; Durchschnittsmenge ist $(200 + 100) : 2 = 150$. Die Preissenkung beläuft sich auf $\$ 3 - \$ 1 = \$ 2$, und der Durchschnittspreis ist $(\$ 3 + \$ 1) : 2 = \$ 2$. Wir erhalten also:

$$E_{Reis} = \frac{100/150}{2/2} = \frac{0{,}67}{1} = \frac{67 \%}{100 \%} = 0{,}67$$

Hier ist also die prozentuale Nachfrageänderung (67 %) kleiner als die prozentuale Preisänderung (100 %); demnach ist die Nachfrage *unelastisch*. Man könnte genausogut sagen, die Nachfrage sei deshalb unelastisch, weil E gleich 0,67, also kleiner als 1 ist.

Die Nachfragekurve ist weder elastisch noch unelastisch, wenn die Elastizität E gleich 1 ist; in diesem Sonderfall ist die prozentuale Nachfrageänderung genauso groß wie die prozentuale Preisänderung.

Der eine Extremfall ist die *vollkommen unelastische* Nachfragekurve, die durch eine gerade, senkrechte Linie dargestellt wird. Die Nachfrage ändert sich *überhaupt nicht*, wenn sich der Preis verändert. E ist dann gleich Null.

Eine *vollkommene elastische* Nachfragekurve wird durch eine gerade, waagerechte Linie abgebildet. Bei völlig elastischer Nachfrage ist E gleich unendlich. Die Unternehmung kann dann zu diesem Preis jede beliebige Menge am Markt absetzen. Obwohl beide Extremfälle unrealistisch sind, werden wir bei späteren Fragestellungen auf sie zurückkommen.

Angebot und Grenzkosten

Wir haben sogar Einzelheiten des Konsumentenverhaltens und der Nachfrage betrachtet. Um das Bild abzurunden, müssen wir uns auch mit dem Verhalten der Unternehmen befassen. Sie bieten auf dem Markt Güter an. Wir werden die Analyse aber nur so weit vertiefen, um die Preisbildung auf einem Konkurrenzmarkt zu verstehen. Die Preis- und Mengenpolitik der Unternehmer auf einem Konkurrenzmarkt ist völlig anders als auf einem mehr oder weniger monopolisierten Markt. Diese Einzelheiten bleiben aber den Kapiteln über Wettbewerb und Monopol vorbehalten.

Wieviel eine Firma bei einem bestimmten Preis von ihrem Produkt anbietet, hängt von vielen Faktoren ab. Als wichtigster Einfluß auf die Höhe des Angebots gelten im allgemeinen die Kosten. Die neoklassische Theorie betont bei der Konsumnachfrage die Rolle des Grenznutzens und bei dem Angebot der Unternehmen die Rolle der Grenzkosten.

Grenzkosten sind die Kosten, die bei der Produktion einer zusätzlichen Einheit des Produkts entstehen. Wenn ein Unternehmen eine Fabrik mit 100 Maschinen besitzt, so kann es seine Produktion nur steigern, wenn es mehr Rohstoffe beschafft und mehr Arbeitskräfte einstellt. In diesem Fall wirkt aber in der Produktion das Gesetz der steigenden Grenzkosten, das man mit dem Gesetz des sinkenden Grenznutzens bei den Konsumenten vergleichen kann.

Stellen wir uns eine gegebene Fabrik mit einer gegebenen Anzahl Maschinen vor. (Außerdem fehlt die Zeit, um weitere Maschinen hinzuzufügen oder um die Technologie zu verbessern.) Die niedrigsten Stückkosten wird man bei einer bestimmten Materialmenge und bei einer bestimmten, durch die Technik *vorgegebenen Anzahl von Arbeitskräften* erreichen. Um die Darstellung zu vereinfachen, soll der Materialeinsatz (pro Zeiteinheit) immer an die Anzahl der Arbeiter angepaßt werden. Erhöht sich die Anzahl der Arbeiter, so ändern sich die Stückkosten: Die Produktionsanlagen können nicht mehr optimal ausgenutzt werden, wenn zu wenig Arbeiter eingesetzt werden; und wenn die Anzahl der Arbeiter über einen bestimmten Punkt steigt, so wird ein zusätzlicher Arbeiter die Produktion um immer weniger erhöhen können. Das heißt nichts anderes, als daß die Kosten für eine zusätzliche Produkteinheit steigen. Was können 100 weitere Arbeiter zum Produktionsergebnis beitragen, wenn es nur 100 Maschinen gibt und ein Arbeiter alleine eine Maschine bedienen kann? Gewiß, man benötigt einige zusätzliche Arbeiter, um Material zu holen und wegzubringen, für Aufräumarbeiten und für die Wartung. Bei einem bestimmten Punkt jedoch – ganz gleich, ob er bei 125, bei 150 oder erst bei 200 erreicht wird – kann ein zusätzlicher Arbeiter nur noch weniger zur Produktion beitragen als der vor ihm eingestellte Arbeiter.

Unter diesen strengen Voraussetzungen kann man schlechthin wenig gegen dieses »Gesetz« einwenden. Man kann sich vorstellen, daß die Grenzkosten von einer bestimmten Produktionsmenge an steigen. Unternehmer werden offensichtlich keine zusätzlichen Güter am Markt anbieten, wenn der Preis niedriger ist als die zusätzlichen Kosten. Die Grenzkosten steigen mit der Produktionsmenge, und deshalb wird auch nur zu einem *höheren* Preis mehr angeboten.

Auf einem Markt mit vollkommener Konkurrenz entspricht die Angebotskurve einer Unternehmung ihrer Grenzkostenkurve (siehe Kapitel 4). Der Grund, warum Firmen Güter zu ihren »Kosten« anbieten, liegt darin, daß in der Neoklassik die Kosten einen »Normalgewinn« einschließen. (In Kapitel 4 sehen wir, was diese eigenartige neoklassische Definition beinhaltet.) Bei unvollkommener Konkurrenz oder Monopolbedingungen wird das Angebot einer Unternehmung nicht allein von den Kosten bestimmt (siehe Kapitel 4 und 5). Bei unseren folgenden Untersuchungen muß man nur wissen, daß die Grenzkosten wichtig für die Höhe des Angebots sind.

Preis und Produktion einer Branche

Die Bedürfnisse (und die Einkommen) der Konsumenten bestimmen die Nachfrage, und die Produktionskosten eines Unternehmens bestimmen seine Angebotsmenge. Wir können jetzt zeigen, wie Angebot und Nachfrage für eine Branche als Ganzes wirken. Aus Kapitel 1 ist bekannt, wie der Gleichgewichtspreis zustande kommt; wir wiederholen jetzt die Preisbildung im Zusammenhang mit den Kosten.

Abbildung 2.3

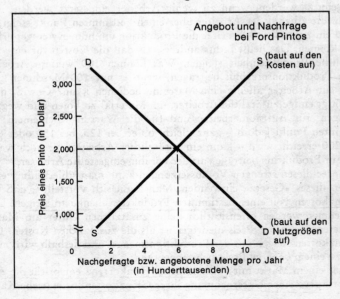

Abbildung 2.3 zeigt die bekannten Angebots- und Nachfragekurven (vgl. Abbildung 1.3). Die Angebotskurve *SS* leitet sich aus den Grenzkosten, die Nachfragekurve *DD* aus den Grenznutzen ab.

Der Schnittpunkt beider Kurven bestimmt Preis und Produktionsmenge. Bei jedem niedrigeren Preis entsteht ein Nachfrageüberhang. Die Branche kann dann mehr Wagen herstellen, die Preise erhöhen und so auch die Profite steigern. Bei jedem höheren Preis entsteht ein Überangebot, und die Branche muß ihre Preise senken und die Produktion verringern.

Das Verhalten der Nachfrager hängt vom Grenznutzen eines Ford Pinto für die Konsumenten ab. Das Anbieterverhalten wird von den Grenzkosten bestimmt, die Ford bei der Produktion eines zusätzlichen Pinto entstehen. Die Grenzkosten enthalten aber schon einen »Normal«profit. *Rest ist Extraprofit.*

Grob vereinfacht, stellt man sich in der heutigen Theorie die Preisbildung so vor. Ehe wir die Analyse verfeinern und die neoklassische Ansicht mit früheren Theorien vergleichen können, müssen wir uns mit einem weiteren analytischen Instrument vertraut machen: mit der Angebotselastizität.

Angebotselastizität

Wir brauchen den Begriff der Angebotselastizität nicht bis in Einzelheiten hinein zu diskutieren, weil er analog zur Nachfrageelastizität definiert ist. Man bezeichnet das Angebot als elastisch, wenn es überproportional auf eine Preisänderung reagiert; es ist unelastisch, wenn es unterproportional auf eine Preisänderung reagiert. Formal ergibt sich:

$$\text{Elastizität des Angebots} = \frac{\text{Steigerung des Angebots in \%}}{\text{Steigerung des Preises in \%}}$$

Anders als bei der Nachfrage bewegt sich die Angebotsmenge in die gleiche Richtung wie der Preis, denn ein höherer Preis bedeutet einen höheren Gewinn, und das reizt die Unternehmen zu einem größeren Angebot (solange sich die Kosten nicht verändern).

Unelastisch ist das Angebot oft bei verderblichen Gütern. Vollreife Tomaten *müssen* schnell verkauft werden, und zwar ohne Rücksicht auf den erzielbaren Marktpreis. Aber dauerhafte Konsumgüter (wie Möbel) können ein elastisches Angebot (oder eine empfindliche Angebotsreaktion bei Preisänderung) aufweisen. Sinkt der Möbelpreis, so kann man z. B. die Möbelbestände auf Lager nehmen und ist nicht gezwungen, die Möbel anzubieten.

Angebot und Gleichgewicht

Die Länge des betrachteten Zeitraums ist immer von großer Bedeutung. Wie reagieren die Tomatenanbauer längerfristig auf die augenblickliche Marktsituation (unelastisches Angebot)? Sinkt der Preis für längere Zeit, so wird die Anzahl der Tomatenanbauer deutlich zurückgehen.

Im letzten Jahrzehnt des vorigen Jahrhunderts hat Alfred Marshall diesen Gedanken verwendet, um die Theorie der Preisbildung zu verbessern. Er unterschied die Angebotsreaktionen auf eine Preisänderung nach der Länge des Anpassungszeitraums: die momentane, die kurzfristige und die langfristige Reaktion.

Die augenblickliche Periode ist so kurz (Stunden, ein Tag, eine Woche – je nach dem Produkt), daß das Angebot auf dem Markt überhaupt nicht verändert werden kann. Die kurzfristige Periode ist ausreichend lang, um (im Rahmen der Produktionskapazität) mehr oder weniger auf dem Markt anzubieten, doch sie ist zu kurz, um neue Produktionsstätten in Betrieb zu nehmen oder alte stillzulegen. In der langfristigen Periode kann man beliebig viele zusätzliche Produktionsstätten bauen und so das Angebot an die Nachfrage anpassen.

Wie wirkt die Zeit auf die Angebotselastizität (und damit indirekt auf den Preis)? Wir stellen uns vor, daß an einem bestimmten Zeitpunkt die Fordhändler über ein gegebenes Angebot an Pintos verfügen. Ganz gleich, wie sehr sich auch die Nachfrage plötzlich erhöhen mag: Sie können erst dann weitere Wagen verkaufen, wenn sie eine Nachlieferung erhalten. Das augenblickliche Angebot ist also völlig unelastisch.

Angenommen, ein Fordhändler verkauft in einer Stadt wöchentlich 10 Pintos und Ford liefert ihm jeden Montag 10 neue Pintos. In der einen Woche hat er bis Donnerstag sechs Pintos verkauft, und er kann also am Freitag nur vier Pintos verkaufen. Am Freitag kommen aber acht Kunden, die sofort einen Pinto mitnehmen wollen.

Das Angebot ist auf vier Stück begrenzt, und der Händler wird den Preis erhöhen, um die höhere Nachfrage auszunutzen. Wir nehmen an, der Listenpreis sei $ 2000 und der Händler hätte bisher immer einen Preisnachlaß von $ 200 gewährt. Der *effektive* Preis beträgt also $ 1800. Zu diesem Preis kann er aber keine acht Pintos anbieten. Er kann nur versuchen, die vier Pintos, die er auf Lager hat, für $ 2000 zu verkaufen (vgl. Abbildung 2.4).

Der Fordhändler war für die gewöhnliche Nachfrage D_1D_1 vorbereitet, aber an diesem Tag hat sich die Nachfragekurve nach D_2D_2 verlagert. Für diesen einen Tag ist das Angebot völlig unelastisch, weil der Händler einfach nicht mehr Wagen für den in Frage stehenden

Abbildung 2.4

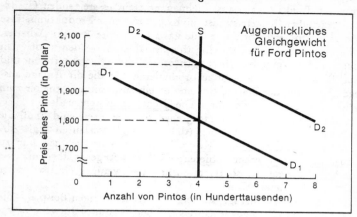

Zeitraum bekommen kann. Bei fixierter Angebotsmenge führt eine Nachfrageerhöhung zu einem neuen Gleichgewicht *mit höherem Preis*.

Die frühen Nutzentheoretiker – zumindest der größte Teil von ihnen – beschäftigte sich hauptsächlich mit dem Tauschphänomen; den Angebotsbedingungen schenkten sie wenig Aufmerksamkeit. (Das gilt ebenso für die einfachen Überlegungen Jean Baptiste Says wie für die komplizierten mathematischen Darstellungen Léon Walras.) Es hat den Anschein, als hätten sie sich nur mit dem extrem kurzfristigen Angebot befaßt. Sie waren der Ansicht, daß die nachgefragte Menge allein vom Grenznutzen abhängt (was in diesem Fall auch zutrifft) und daß Preisveränderungen meistens von Nachfrageveränderungen verursacht werden. Mit Hilfe dieses Spezialfalls griffen sie die ältere Ansicht (vertreten von Marx und den Klassikern – Ricardo und Smith) an, nach der die Lohnkosten das Angebot und damit auch den Preis bestimmen. Wenn das Angebot völlig unelastisch ist und sich nicht an die Nachfrage anpassen kann, so lassen sich *in diesem Fall* Preisänderungen zweifellos nicht mit dem Angebot erklären.

Kurzfristiges Angebot und Gleichgewicht

Bei welchem Preis bildet sich das kurzfristige Gleichgewicht von Angebot und Nachfrage? Wie wirken kurzfristige Änderungen von Angebot und Nachfrage auf den Preis? Bei jedem neoklassischen Lehrbuch stehen diese Fragen – wie schon bei Alfred Marshall – im Vordergrund.

Versucht ein Unternehmen, kurzfristig die Produktion über einen bestimmten Punkt hinaus auszudehnen, so steht es steigenden Grenzkosten gegenüber. Kurzfristig ist die Kapazität einer Produktionsstätte *vorgegeben*, und man benötigt eine ganz bestimmte Anzahl Arbeiter, um die Produktionsanlagen technisch optimal (d. h. bei den niedrigsten Stückkosten) einzusetzen. Stellt man zusätzliche Arbeitskräfte ein und versucht, mehr als die Menge zu produzieren, für die die Anlage ausgelegt ist, so muß der Beitrag sinken, den ein zusätzlicher Arbeiter zum Produktionsergebnis leisten kann: Die Grenzkosten steigen also.

Da die Grenzkosten die Untergrenze für den Preis sind, muß die Angebotskurve nach rechts oben (d. h. steigend) verlaufen (vgl. Abbildung 2.5). Bei steigenden Kosten wird ein Unternehmen nur zu einem höheren Preis mehr anbieten; wenn das Angebot aber auf eine Preiserhöhung reagiert, so ist es mehr oder weniger elastisch, aber keinesfalls *völlig* unelastisch.

Erhöht sich die Nachfrage, so steigen – wie im vorigen Beispiel – die Preise. Der neue Gleichgewichtspreis ist aber jetzt *auch* auf eine Bewegung entlang der Angebotskurve zurückzuführen.

Abbildung 2.5

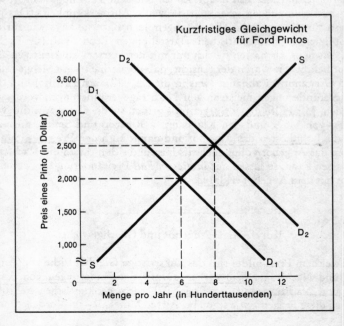

In Abbildung 2.5 sehen wir, daß eine Steigerung der Nachfrage nach Pintos *sowohl* den Preis (von $ 2000 auf $ 2500) *als auch* die Menge (von 600 000 auf 800 000) erhöht. Die Menge wächst, weil die Angebotskurve eine gewisse Elastizität hat, d. h., Ford hat die Kapazität, mehr Pintos zu produzieren (wenn auch zu steigenden Stückkosten). Man sieht ganz deutlich, wie sich Nachfrage- *und* Angebotsmenge ändern und *zusammen* das neue Marktgleichgewicht bestimmen.

Alfred Marshall hat daraus gefolgert, Angebot und Nachfrage würden sich zueinander verhalten wie die Klingen einer Schere: Das Anbieterverhalten hängt von den Grenzkosten, das Nachfrageverhalten vom Grenznutzen ab. Aus der Sicht der heutigen Neoklassik hängt also der Preis bzw. der Wert eines Gutes gleichermaßen von seinem Nutzen wie von seinen Produktionskosten ab.

Langfristiges Angebot und Gleichgewicht

Ist der Anpassungszeitraum lang genug, so kann man neue Betriebe errichten: Das Angebot kann also langfristig im gleichen Maße wie die Nachfrage wachsen, denn Kapital und Arbeit können in die Branchen strömen, auf die sich die Nachfrage verlagert hat.

In einem neuen Werk brauchen die Kosten pro Auto nicht höher als zuvor zu sein, so daß langfristig Stückkosten (und Grenzkosten) konstant bleiben können. Das ist selbstverständlich nur eine grobe Annäherung an die Realität. In Wirklichkeit können die Kosten sinken (weil man den technischen Fortschritt durch modernere Produktionsanlagen nutzen kann) oder steigen (weil die Nachfrage nach Rohstoffen steigt). Der Einfachheit halber gehen wir davon aus, daß die Kosten gleich bleiben.

Wenn sich aber die Grenzkosten langfristig nicht verändern, so ist die Angebotskurve eine waagerechte Gerade. Das Angebot ist dann (langfristig) *völlig elastisch.* Abbildung 2.6 stellt diese Situation dar. Langfristig führt eine Nachfrageerhöhung zu mehr Produktionsstätten, d. h. das Angebot paßt sich völlig der Nachfrage an. In den neuen Werken entstehen etwa die gleichen Kosten pro Auto wie in den alten (vorausgesetzt, Kostensenkungen und Kostenerhöhungen halten sich gerade die Waage).

Man kann also langfristig davon ausgehen, daß eine Nachfragesteigerung lediglich das Angebot des betreffenden Gutes erhöht, aber *keinen* Einfluß auf die Preise hat. Im ersten Moment der Nachfrageerhöhung steigen sicherlich die Preise, aber das ruft aus den bestehenden Kapazitäten ein größeres Angebot hervor (kurzfristige Anpassung).

Abbildung 2.6

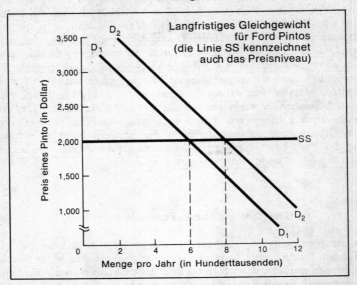

Langfristiges Gleichgewicht
für Ford Pintos
(die Linie SS kennzeichnet
auch das Preisniveau)

Dadurch sind die Preise wieder ein wenig gesunken. Langfristig paßt sich aber das Angebot vollkommen an die größere Nachfrage an. Das zusätzliche Angebot wird in den neuen Werken zu den gleichen Kosten wie früher produziert, und deshalb ist der Preis wieder auf sein Ausgangsniveau zurückgefallen.

Wir kommen zu folgendem Schluß: *Langfristig bestimmt die Nachfrage die Angebotsmenge, und ausschließlich die Produktionskosten bestimmen langfristig den Preis.* Das Verhältnis der Grenznutzen bestimmt die Nachfrage und die entsprechenden Produktionsmengen bei den einzelnen Gütern. Das Preisniveau hängt langfristig allein von der Höhe der Stückkosten (d. h. den Angebotsbedingungen) ab.

Diesen Fall stellten die Klassiker und Marx in den Vordergrund. Sie waren weniger am kurzfristigen Marktgeschehen interessiert, sie fragten vielmehr nach dem langfristigen Preis oder Wert der Güter. Und er wurde ihrer Ansicht nach von den Kosten der menschlichen Arbeit bestimmt.

Marshall und die meisten Neoklassiker würden einräumen, daß in diesem speziellen Fall (langfristiges Angebot und konstante Kosten) die Veränderung der Grenznutzen *keinen Einfluß* auf den Preis hat, *aber eine Änderung der (Stück)kosten.* Streitig bleibt dann der genaue Inhalt des *Kostenbegriffs.* Die Neoklassiker betonen, daß Kapitalisten wie Arbeiter bei der Produktion eine Leistung erbringen. (Diese »Leistung« braucht nichts anderes zu sein als der »Verzicht« auf höheren Gegenwartskonsum zugunsten eines späteren Kapitalertrags.) Marx aber bestand darauf, daß allein der Aufwand an Arbeit langfristig Preise oder Werte bestimmt.

Der Streit kommt daher, daß sich Ökonomen nicht nur mit der Preisbestimmung, sondern auch mit der Einkommensverteilung auseinandersetzen. Die Beurteilung der Einkommensverteilung hängt offensichtlich davon ab, wie hoch man den Beitrag der Arbeiter und der Kapitalisten zur Produktion bewertet. Sollen die Ford-Arbeiter oder die Ford-Aktionäre bekommen, was beim Verkauf der Pintos herausspringt? (Kapitel 3 untersucht die Einkommensverteilung.)

Zusammenfassung

Die Nachfrage nach einem Gut hängt von den Konsumentenbedürfnissen (dem *Nutzen*) und dem Konsumenteneinkommen ab. Das Angebot wird von den Produktionskosten bestimmt. Ist zu einem gegebenen Zeitpunkt das Angebot unveränderlich, so sind Preisänderungen auf Nachfrageänderungen zurückzuführen; in der Nachfrage spiegeln sich die Grenznutzen der Konsumenten wider. Kurzfristig kann ein Unternehmen nur im Rahmen der gegebenen Kapazität die Produktion drosseln oder steigern. In diesem Fall beeinflußt sowohl die Veränderung des Angebots wie auch die Veränderung der Nachfrage den Preis. Bei langfristiger Betrachtung (der Zeitraum ist so groß, daß man neue Fabriken bauen kann) hängt die Produktionsmenge nach wie vor von der Nachfrage ab; sie leitet die benötigten Produktionsfaktoren in die betreffende Branche. Langfristig kann aber jede nachgefragte Menge hergestellt werden, und das Preisniveau wird einfach von den Kosten bestimmt (einschließlich eines normalen Profits). Mit anderen Worten: Langfristig bedeutet eine Verdoppelung der Nachfrage nach einem Gut auch eine Verdoppelung der Produktion. Wenn aber die Stückkosten gleich bleiben, so bleibt auch der Preis gleich.

3. Einkommensverteilung:
Grenzproduktivität oder Ausbeutung?

Die Beurteilung des Kapitalismus hängt auch davon ab, welche Theorie der Einkommensverteilung man vertritt. Strittig ist beispielsweise, wie ein Kapitalist Profite macht oder ob Arbeiter »ausgebeutet« werden. Bevor wir diese Themen diskutieren, befassen wir uns mit den sozialen Verhältnissen in den USA.

Armut

Jeder weiß, wieviel Armut es in der Welt gibt. Es ist jedoch überraschend, wieviel Armut im reichsten Land der Welt herrscht. 1966 bezogen 14 % aller amerikanischen Familien ein Einkommen von weniger als $ 3000, 46 % weniger als $ 7000 und 59 % weniger als $ 9000[1]. Was bedeutet das für die Betroffenen?

Nach der Definition der Social Security Administration gilt eine vierköpfige Großstadtfamilie mit weniger als $ 3150 Jahreseinkommen als arm. Die statistische Definition ist aber viel zu eng gefaßt, denn sie berücksichtigt nur die Grundbedürfnisse. Diese Definition der Armut geht aus von einer »sparsamen Ernährung ... zu der man nur in Notfällen oder bei vorübergehendem Geldmangel greift. Mit anderen Worten deckt diese Ernährung noch nicht einmal langfristig die physischen Minimalerfordernisse«[2]. Zum Zeitpunkt der Erhebung lagen dennoch mehr als 24 836 000 Amerikaner unterhalb der Armutsgrenze[3]. Die meisten von ihnen hatten also nicht genügend Geld für Grundnahrungsmittel, lebten in rattenverseuchten Slums und konnten ihren Kindern offensichtlich keine weiterführende Ausbildung finanzieren.

Das Bureau of Labor Statistics (BLS) ermittelt ein »bescheidenes, aber ausreichendes Einkommen für Arbeiter in Großstädten«. Sicher ist es nicht reichlich bemessen: Die Definition geht davon aus, daß Kleidung drei Jahre lang getragen wird, daß der Arbeiter einen Gebrauchtwagen fährt oder öffentliche Verkehrsmittel benutzt und nur alle zwei

---

[1] U.S. Bureau of the Census, Department of Commerce, Statistical Abstract of the United States: 1968 (Washington, D. C.: U.S. Government Printing Office, 1968), S. 326.
[2] D. Light, »Income Distribution«, Occasional Papers of the Union for Radical Political Economics (Dezember 1969), S. 2.
[3] U.S. Bureau of the Census, op. cit., S. 330.

oder drei Wochen ins Kino geht. Bücher und Lernmaterial werden nur für schulpflichtige Kinder gekauft; für weiterführende Bildungsgänge oder Ersparnisse steht kein Geld zur Verfügung[4]. Dieses knappe Haushaltseinkommen wurde – unter Berücksichtigung der Inflation – für 1966 mit $ 9100 veranschlagt. 59,4 % der amerikanischen Haushalte hatten ein geringeres Einkommen.

Ungleichheit

Die Ungleichmäßigkeit der (relativen) Einkommensverteilung sticht noch mehr ins Auge, wenn man das niedrige absolute Niveau der Masseneinkommen berücksichtigt. Tabelle 3.1 enthält Ergebnisse des Bureau of the Census.

Auf der einen Seite gibt es die ganz Armen: Die untersten 20 % der Familien erhalten nur 5 % des Einkommens aller Familien (und die untersten 20 % aller Alleinstehenden nur 3 % des Einkommens aller Alleinstehenden). Auf der anderen Seite gibt es die Reichen. Die obersten 5 % aller Familien beziehen fast 15 % des Einkommens aller Familien. (Die obersten 5 % der Alleinstehenden beziehen fast 22 % des Einkommens aller Alleinstehenden.) Die Reichen unter den Reichen stellen 2 % der Familien; ihr Einkommen übersteigt $ 25 000. Die Elite der Reichen macht schließlich 0,08 % aller Steuerzahler aus und bezieht Einkommen von mehr als $ 200 000 (Zeitraum: 1966).

Nur wer ein hohes Einkommen hat, kann sparen. Deshalb ist die Spartätigkeit ebenso konzentriert wie die Einkommensverteilung. Der größte Teil der Ersparnisse und der Investitionen kommt von einer kleinen Anzahl von Privathaushalten und Firmen. Insgesamt sparten 1965 alle Privatpersonen $ 25 Mrd., alle Unternehmen aber $ 83 Mrd. Die unteren zwei Drittel der natürlichen Personen sparten nichts, im Gegenteil: Der größte Teil von ihnen konsumierte mehr als das Einkommen. Über die Hälfte der Ersparnisse natürlicher Personen, die für Investitionen zur Verfügung standen, lieferten die obersten 5 % der Einkommensbezieher.

Einkommensarten

Die Einkommensverteilung ist kein Zufallsergebnis. Welcher Einkommensklasse man angehört, hängt im wesentlichen von der Quelle ab, aus der man sein Einkommen hauptsächlich bezieht. Weiß man, ob der

[4] Light, op. cit., S. 3.

Hauptteil des Einkommens einer Person aus <u>Arbeit</u> (Lohn) oder aus Besitz (Rente, Profit, Zins) stammt, so kann man mit einiger Sicherheit darauf schließen, welcher Einkommensklasse sie angehört.

Fast die gesamten 59,4 % der Familien, die 1966 weniger als das »bescheidene, aber ausreichende« Einkommen bezogen, waren Arbeiterfamilien. Der größte Teil ihres Einkommens stammt aus Löhnen und Gehältern. Bei den oberen 2 % besteht der Hauptteil des Einkommens aus Renten, Zinsen und Profiten. Die Elite unter den Reichen (0,08 % der Bevölkerung mit Einkommen über $ 200 000) bezog 1966 23 % aller Dividenden. Ihnen kamen 37 % aller Wertsteigerungen des Vermögens zugute. In der höchsten Steuerklasse kamen 90 % des Einkommens aus Vermögen und nur 10 % aus Löhnen und Gehältern[5].

Tabelle 3.1

Die ungleichmäßige Einkommensverteilung in den USA (1966)

	Anteil jedes Fünftels der Familien (20 %) am Einkommen aller Familien (in %)	Anteil jedes Fünftels der Alleinstehenden (20 %) am Einkommen aller Alleinstehenden (in %)
Unterstes Fünftel	5,4 %	2,9 %
Zweites Fünftel	12,4 %	7,6 %
Drittes Fünftel	17,7 %	13,3 %
Viertes Fünftel	23,8 %	24,2 %
Oberstes Fünftel	40,7 %	52,0 %
Insgesamt	100,0 %	100,0 %
Anteil der oberen 5 % am Gesamteinkommen der Gruppe	14,8 %	21,8 %

Quelle: U.S. Bureau of the Census, *Statistical Abstract of the United States: 1968* (Washington, D.C.: U.S. Government Printing Office, 1968), S. 324.

Das <u>Vermögen</u> ist noch stärker als das Einkommen konzentriert. 1953 schätzten drei amerikanische Ökonomen, daß sich 65 % bis 71 % des gesamten privaten Aktienbesitzes in den Händen vor nur 0,2 % der Familien bzw. Alleinstehenden befinden[6]. Nach einer vorsichtigen Schätzung von 1956 besitzen 0,5 % der amerikanischen Bevölkerung ein Viertel des gesamten Privatvermögens; 1,6 % besitzen 32 % des Privatvermögens, darunter 82 % des gesamten Aktienkapitals[7].

[5] U.S. Internal Revenue Service, Statistics of Income 1966: Individual Income Tax Returns, Washington, D. C.: U.S. Government Printing Office 1968.
[6] K. Butters, L. Thompson und L. Bollinger, Effect of Taxation on Investments by Individuals, Cambridge, Mass. 1953, S. 400.
[7] R. Lampmann, The Share of Top Wealth-Holders in National Wealth Princeton, N. J. 1962, S. 24.

Einkommenskonzentration und Vermögenskonzentration verstärken sich gegenseitig. Eine hohe Konzentration beim Aktienbesitz führt zwangsläufig zu einer hohen Konzentration bei den Profiteinkommen. Profiteinkommen sind so konzentriert, daß die Empfänger in die höchste Einkommensklasse fallen. Aber auch nur die Mitglieder dieser obersten Einkommensklasse können nennenswerte Beträge sparen und investieren. Diese Investitionen vermehren wiederum ihren Aktienbesitz – mit anderen Worten: Ein großes Aktienvermögen führt zu hohem (Profit-)Einkommen, und ein hohes Einkommen führt zu größerem Aktienvermögen[8].

Die wechselseitige Verstärkung der Vermögens- und Einkommenskonzentration gibt es auch woanders. Zum Beispiel ist Ausbildung eine unerläßliche Vorbedingung für sozialen Aufstieg. Viele Studien kommen zu dem Ergebnis, daß oft »eher das Einkommen des Vaters als der Verstand des Kindes dafür ausschlaggebend ist, wer eine akademische Ausbildung erhält«[9]. Wer arm ist, kann sich kaum ein Studium finanzieren – auch wenn er die nötige Intelligenz besitzt. Für genügend Geld kommt man aber immer noch in eine Privatuniversität, auch wenn man nie die Aufnahmeprüfung einer erstklassigen Universität bestehen würde.

Wer nicht zu den Reichen gehört, kann auch mit einer entsprechenden Ausbildung seine Karriere nur von seiner Anfangsposition in einem Unternehmen aus versuchen. Der reiche Erbe eines Unternehmens braucht wenig Fachkenntnisse und noch weniger Verstand – er kann trotzdem in die Fußstapfen seines Vaters treten, wenn er einen entsprechenden Anteil am Kapital des Unternehmens besitzt[10]. »Es ist sehr schwierig, sich an die Spitze hochzuarbeiten... Viel einfacher und sicherer ist es, dort geboren zu sein.«[11] In der Tat haben viele der Reichen von heute nur einen großen Aktienbesitz geerbt. Zwischen 1900

---

[8] Für deutsche Verhältnisse siehe vor allem: Wilhelm Krelle, Johann Schunck, Jürgen Siebke, Überbetriebliche Ertragsbeteiligung der Arbeitnehmer. Mit einer Untersuchung über die Vermögensstruktur der Bundesrepublik Deutschland, 2 Bde., Tübingen 1968. Nach dieser Studie besaßen 1960 in der BRD 1,7 % der Haushalte ca. 70 % der Betriebsvermögen und der Kapitalanteile (H. S.).

[9] C. W. Mills, White Collar, New York 1956, S. 257. Für genaue Zahlenangaben siehe Kapitel 7.

[10] Für westdeutsche Verhältnisse liegt eine neuere Studie über die Herkunft von Führungskräften vor, die zu etwas anderen Ergebnissen kommt. »Das größte Kontingent wird von Beamtensöhnen gestellt (bei den leitenden Angestellten, H. S.). Die zweitgrößte Berufsgruppe unter den Vätern bilden die Angestellten selber.« Doch: »Ganz selten sind Kinder aus der Arbeiterschaft und von Bauern.« Helge Pross und Karl W. Boetticher, Manager des Kapitalismus, Frankfurt, 1971.

[11] C. W. Mills, The Power Elite, New York 1959, S. 115; deutsche Ausgabe: Die amerikanische Elite, Hamburg 1963.

und 1950 waren die Väter von etwa 70 % der Reichen erfolgreiche Geschäftsleute[12]. Es trifft zwar zu, daß die meisten der ganz Reichen als bedeutende Geschäftsleute »gearbeitet« haben. Dennoch ist der Anteil derjenigen, die nur in Ruhe ihre Kapitalerträge beziehen und höchstens die Coupons am Bankschalter vorlegen, von 14 % (1900) auf 26 % (1950) angestiegen[13].

Ebenso hat sich langfristig die Zahl der Selbständigen verringert und die der abhängig Beschäftigten erhöht. 1800 waren vielleicht 80 % der erwerbstätigen Bevölkerung selbständige Unternehmen[14]. 1870 waren es nur noch 33 %, und 1940 20 %. Die Kategorie der Selbständigen enthält alle Geschäftsleute, alle Bauern und alle Freiberufler. Der Prozentsatz derjenigen, die ihr Einkommen hauptsächlich aus der Arbeit *für andere* beziehen, stieg dementsprechend von etwa 20 % der Erwerbsbevölkerung (1800) über 67 % (1870) auf 80 % (1940). Diese Tendenz hat sich in den letzten Jahren weiter fortgesetzt.

Theorien der Einkommensverteilung

Adam Smith sprach von der *Rente*, die den Bodeneigentümern zufließt, vom *Lohn*, den die Arbeiter erhalten, und vom *Profit*, der an die Kapitaleigentümer geht. Wovon hängt es ab, wie groß der Anteil jeder dieser drei Einkommensarten am Volkseinkommen ist? Die Antworten der Ökonomen auf diese fundamentale Frage gehen – je nach ihrer Grundeinstellung – weit auseinander. Dabei hängen zwei Fragen eng miteinander zusammen: (1) Wovon hängt der Anteil jeder Einkommensart ab? (2) Ist die gegenwärtige Verteilung des Volkseinkommens auf die verschiedenen Einkommensarten gut oder schlecht?

Um die Fragestellung zu vereinfachen, vernachlässigen wir in diesem Kapitel die Rente. In den USA und in den meisten hochindustrialisierten Ländern spielt sie keine große Rolle und ist daher für die Frage von untergeordneter Bedeutung. Es bleiben dann zwei von Smiths Kategorien übrig: Löhne und Profite. Mit *Lohn* bezeichnen wir alle Einkommen aus Arbeit, also Zeit- und Akkordlohn, Monatsgehälter, Provisionen, Erfolgsbeteiligungen und die Gehälter leitender Angestellter. Als *Profite* definieren wir alle Kapitalerträge, sowohl die Erträge aus Eigenkapital (Dividenden) als auch die aus verliehenem Kapital (Zin-

---

[12] Ibid., S. 105.
[13] Ibid., S. 108.
[14] Zu dieser Schätzung und anderen Angaben in diesem Abschnitt siehe Mills, White Collar, op. cit., S. 63–64.

sen). (Später werden wir zwischen diesen beiden Profitarten unterscheiden.) *Kapital* umfaßt Fabriken, Maschinen, Rohmaterialien und Geld – alles, was zu Produktion und Handel nötig ist.

Zwei Theorien der Einkommensverteilung stehen sich gegenüber. Die Ansicht der konservativen Ökonomen herrschte meistens vor und wird noch immer als Glaubenssatz in der Mehrzahl der ökonomischen Lehrbücher vertreten. Nach ihr entstehen (1) die Profite aus den Leistungen und den Opfern der Kapitalisten bei der Produktion, genauso wie Löhne aus der Beteiligung der Arbeiter am Produktionsprozeß entstehen. Deshalb ist (2) die gegenwärtige Einkommensverteilung gerecht, bei der hohe Einkommen meistens aus Profiten stammen.

Die kritische Ansicht wird seit mindestens 150 Jahren vertreten, aber sie gewinnt erst jetzt an Boden. Nach ihr sind (1) Kapitalisten unproduktiv und ziehen ihre Profite aus dem, was die arbeitende Bevölkerung schafft, und daher brauchen wir (2) ein neues Wirtschaftssystem, in dem es keinen privaten Profit mehr gibt.

Die traditionelle Theorie

Die Theoretiker W. Senior und J. B. Say entwickelten im frühen 19. Jahrhundert den Gedanken, daß Profite das Entgelt für den Konsumverzicht der Kapitalisten sind. Stellt man Kapital für die Produktion zur Verfügung, so verzichtet man auf Konsum und ist daher moralisch berechtigt, aus seinen Investitionen Profit zu ziehen. Ähnlich entstehen Löhne wegen des Nutzenentgangs, den man erleidet, wenn man seine Arbeitskraft im Produktionsprozeß einsetzt.

In den siebziger Jahren des letzten Jahrhunderts setzte Alfred Marshall[15] den Begriff »Warten« an die Stelle von »Konsumverzicht«: Ein Kapitalist müsse auf die Erträge seines investierten Kapitals *warten*, und weil er auf den Konsum seines Reichtums warten muß, sei er zum Profit legitimiert. Ein gewisser »Normalprofit« sei also nur ein notwendiger Bestandteil der Produktionskosten; ohne den Profit würde der Kapitalist nicht investieren.

Mit John Bates Clarks *The Distribution of Wealth*[16] erschien die erste geschlossene Darstellung der konservativen Grenzproduktionstheorie. Nach Clark werden Arbeiter und Kapitalisten genau mit ihrem Grenzprodukt entlohnt, was auch ethisch gerechtfertigt sei. Der Lohn

[15] Siehe A. Marshall, Principles of Economics, New York 1953 [erste Auflage 1890].
[16] J. B. Clark, The Distribution of Wealth, New York 1966 [Erstausgabe 1899].

eines Arbeiters hängt von seinem Grenzprodukt ab, d. h. von der Erhöhung der Gesamtproduktion durch seine Arbeitsleistung. Ebenso bestimmt sich der Profit des Kapitalisten nach dem Grenzprodukt des Kapitals; das Grenzprodukt des Kapitals bezeichnet die Steigerung der Produktion durch den Einsatz einer zusätzlichen Kapitaleinheit. Die Grenzproduktionstheorie ist das Dogma aller konservativen Lehrbücher, zu denen auch Paul Samuelsons verbreitetes Werk gehört[17].

Diese Theorie der Einkommensverteilung geht von einer einfachen Fragestellung aus: Wieviel Arbeiter soll ein Kapitalist, der seinen Profit maximieren will, einstellen, wenn er eine gegebene Fabrik (mit gegebenen Maschinen) besitzt? Jeder zusätzliche Arbeiter soll die Produktion steigern, aber sein Grenzprodukt soll abnehmen. (Das heißt nur, daß der dritte Arbeiter die Gesamtproduktion um weniger als der zweite erhöht, der vierte um weniger als der dritte usw.) Das Grenzprodukt der Arbeiter sinkt, weil sie mit einer gegebenen Anzahl Maschinen arbeiten müssen, denn wenn die Produktionsmenge erreicht ist, für die die Produktionsanlagen gedacht sind, so kann man auch durch den Einsatz von mehr Arbeitern die Produktion nur noch geringfügig steigern. Tabelle 3.2 stellt das Grenzprodukt zusätzlicher Arbeitskräfte in einem Betrieb dar, der mit fünf Maschinen ausgestattet ist; jede Maschine soll für den Einsatz von zwei Arbeitern ausgelegt sein.

Tabelle 3.2

Anzahl der Maschinen	Anzahl der Arbeiter	Gesamt- produkt je Woche		Grenzprodukt je Woche
5	10	$ 1,000	>	$ 90
5	11	$ 1,090	>	$ 80
5	12	$ 1,170	>	$ 70
5	13	$ 1,240		

Der Kapitalist sollte so viele Arbeiter einstellen, bis das Grenzprodukt des zuletzt eingestellten Arbeiters gerade seinen Kosten (d. h. dem Lohn) entspricht. Bei einem Wochenlohn von $ 70 müßte der Kapitalist 12 oder 13 Arbeiter einstellen. Zusätzliche Arbeiter könnten den Profit nicht weiter erhöhen, und der Lohn entspricht genau dem Grenzprodukt der Arbeit.

Diese Theorie ist eine Entscheidungsregel für Kapitalisten, die ihren Profit maximieren wollen. Verhalten sie sich so (und das ist gewöhnlich der Fall), dann ist die Behauptung Lohn = Grenzprodukt nicht mehr

---

[17] P. Samuelson, Economics, 8. Aufl., New York 1970. Erstausgabe 1948; deutsch: Volkswirtschaftslehre, 3. Aufl., Köln 1964.

als eine Binsenweisheit. Kapitalisten stellen keine weiteren Arbeiter mehr ein, wenn ihr Grenzprodukt geringer als der Lohn ist, weil das ihren Profit schmälern würde. Viele konservative Ökonomen glauben aber, sie hätten mit diesem Gedankengang bewiesen, dies sei eine gerechte Einkommensverteilung.

Genauso verfährt die konservative Theorie mit den Profiten. Angenommen, der Kapitalist hat eine vorgegebene Anzahl Arbeitskräfte: Wieviel neue Maschinen sollte er einsetzen? Jede weitere Maschine soll annahmegemäß weniger als die zuvor eingesetzte zur Produktion beitragen. Grund dafür ist die gegebene Anzahl der Arbeiter, denn deshalb können zusätzliche Maschinen nicht mit höchster Wirtschaftlichkeit eingesetzt werden. Auch wenn der Kapitalist ein schnelleres Arbeitstempo erzwingt, können 100 Arbeiter einfach nicht 100 Maschinen bedienen. Angesichts dieser strengen Voraussetzung ist die Theorie des sinkenden Grenzprodukts eine Spitzfindigkeit. In Wirklichkeit setzt der Kapitalist zusätzliche Arbeiter und zusätzliche Maschinen ein (und neue Technologie, die er ausnutzen will); die Produktivität braucht also nicht zu sinken.

In diesem Beispiel erhöht jede weitere Maschine die Gesamtproduktion um weniger als die vor ihr eingesetzte Maschine (wegen der begrenzten Anzahl der Arbeiter und der begrenzten Fläche). Ein Kapitalist sollte also so lange zusätzliche Maschinen installieren, bis das Grenzprodukt einer Maschine ihren Kosten entspricht. Weitere Maschinen erhöhen den Profit nicht mehr. Da Grenzprodukt und Kosten einer weiteren Maschine übereinstimmen, wird nach Ansicht der Konservativen das Kapital mit *seinem eigenen* Grenzprodukt entlohnt. Der Profit gehört zu den Produktionskosten und ist somit gerechtfertigt.

Diese Argumentation gilt natürlich nur unter den Bedingungen vollkommener Konkurrenz. Selbst Samuelson bestätigt in seinem konservativen Lehrbuch, daß *unter Monopolbedingungen zusätzliche Profite* erzielt werden (d. h. Profite, die über das Grenzprodukt des Kapitals hinausgehen). Die Kapitel 5, 6 und 7 behandeln diese Frage.

Kritik der politischen Ökonomie an der Grenzproduktivitätstheorie

Man muß sich mit der Grenzproduktivitätstheorie auseinandersetzen, auch wenn man sie ablehnt. Sie beinhaltet zumindest eine allgemein anwendbare Regel über den Einsatz von Produktionsfaktoren. Nach dieser Regel sollen Kapitalisten so lange weitere Arbeiter einstellen (bzw. Maschinen installieren), wie sie ihren Profit erhöhen. Wächst der Profit durch den zusätzlichen Einsatz von Produktionsfaktoren nicht weiter, so sollen sie keine weiteren Arbeiter oder Maschinen verwenden. (Das Grenzprodukt eines Faktors ist dann gleich den Kosten einer zusätzlichen Faktoreinheit.)

Wie Samuelson zeigt, kann man diese Regel auch bei der Wirtschaftsplanung in sozialistischen Systemen anwenden. Sollen knappe Mittel auf verschiedene Investitionsprojekte aufgeteilt werden, so muß man »erst die Investitionen mit der höheren Netto-Produktivität durchführen«[18]. Einem Projekt sind so lange weitere Arbeitskräfte und weitere Maschinen zuzuteilen, bis die Kosten zusätzlicher Faktoren höher als ihre Erträge sind. Sozialistische Planer müßten bei der Entscheidung über die Verwendung von Kapital auch so etwas wie einen Kalkulationszinssatz verwenden, um die Projekte herauszufinden, die der Gesellschaft den höchsten Nutzen bringen (bzw. um die Projekte auszuschließen, deren Erträge zu niedrig sind).

Samuelson fügt noch eine Bemerkung über den Zins (oder den Profit) im Sozialismus an, die man laut und deutlich verkünden soll: »Das hat selbstverständlich nichts damit zu tun, daß diese Zinsen irgend jemand als Einkommen zufließen.«[19] Man müßte also auch bei den Investitionsentscheidungen in einer sozialistischen Wirtschaft berechnen, in welcher Verwendung das Kapital die höchsten Erträge bringt; *diese Erträge würden aber niemand als privates (Profit-)Einkommen zufließen.*

Wir untersuchen hier jedoch, wie in einem kapitalistischen System Einkommen an einzelne und Gruppen verteilt wird. Kritische Ökonomen greifen die Grenzproduktivitätstheorie vor allem aus drei Gründen an. Erstens ist sie ihrer Ansicht nach eine Tautologie, zweitens entzieht sie sich der empirischen Überprüfung durch Messungen und drittens verwechselt sie die Produktivität des Kapitals mit der Produktivität von Kapitalisten.

Wie wir schon gesehen haben, stecken die Schlußfolgerungen der Grenzproduktivitätstheorie praktisch schon in ihren Annahmen. Geht man davon aus, daß Kapitalisten immer den Profit maximieren wollen, so liegt es auf der Hand, daß sie keine weiteren Arbeiter einstellen, wenn diese die Kosten stärker als das Produktionsergebnis erhöhen. Sie stellen nur Arbeiter ein, solange sie mehr produzieren als kosten. Definiert man das Grenzprodukt der Arbeit als den Beitrag des zuletzt eingestellten Arbeiters zur Gesamtproduktion, so muß dessen Lohn genau dem Grenzprodukt entsprechen und kann nicht höher oder niedriger sein. Ebenso wird eine zusätzliche Kapitaleinheit dann und nur dann eingesetzt, wenn der Produktionszuwachs mindestens genauso

[18] Samuelson, op. cit., S. 580.
[19] Ibid.

groß wie die Kostensteigerung ist. Setzt man gewinnmaximierendes Verhalten voraus, so sind diese Schlüsse lediglich Tautologien, denn sie sind schon in den Annahmen enthalten. Tautologien sagen wenig oder nichts über die Wirklichkeit aus und lassen überhaupt keine politischen Schlüsse zu[20].

Sicher ist es für jede Gesellschaft eine sinnvolle Entscheidungsregel, Maschinen so einzusetzen, daß die Erträge (oder Profite) aus dem Einsatz einer weiteren Maschine gleich ihren Kosten sind. Das heißt aber weder, daß man eine Gesellschaftsordnung braucht, in der Kapitalisten über die Produktionsmittel verfügen, noch rechtfertigt das den Profit der Kapitalisten, auch wenn er genau dem Grenzprodukt des Kapitals entspricht. Die Grenzproduktivitätstheorie beschreibt nur ein mögliches Verfahren, wie man Kapital einsetzen kann. Sie ist aber kein Fortschritt gegenüber älteren Versuchen, das Profiteinkommen mit dem Konsumverzicht oder dem Warten der Kapitalisten zu rechtfertigen. Welches Opfer bringt eigentlich ein Kapitalist, wenn er auf den sofortigen Konsum seines gesamten Einkommens verzichtet oder auf die Erträge seiner Investitionen wartet? Kann man von einem »Opfer« sprechen, wenn sich ein Kapitalist auf seiner Yacht entscheidet, sein Einkommen von $ 1 Million nicht gänzlich zu konsumieren, sondern die Hälfte davon zu investieren?

Der zweite kritische Einwand richtet sich gegen die Realitätsferne der Grenzproduktivitätstheorie. Man kann keine ihrer Aussagen durch Messung empirisch überprüfen. Was ist eine *Kapitaleinheit*? Versteht man darunter eine konkrete Maschine, so hat es keinen großen Sinn, Gedankenspiele über einen produktiveren Einsatz anzustellen, denn Maschinen werden für ganz bestimmte Zwecke konstruiert. Man kann eine Maschine nicht in einer anderen Branche einsetzen, auch wenn ihre Erträge in der Branche niedriger als die Kosten sind, für die sie gebaut wurde. Weiter unterstellt die Theorie, man könne den Kapitaleinsatz um unendlich kleine (marginale) Mengen variieren. Die meisten Maschinen erfordern aber umfangreiche Investitionen und sind nicht in kleinere Einheiten unterteilbar.

Selbst wenn man der Grenzproduktivitätstheorie zugesteht, daß sie den Kapitalisten eine rationale Entscheidungsregel für ihre Investitionen liefert und nicht beziehungslos neben der Realität steht, so beziehen sich dennoch (drittens) ihre Aussagen nur auf den produktiven

---

[20] Siehe dazu vor allem die Kritik Hans Alberts an dieser Art, Tautologiebildung mit Erkenntnis zu verwechseln: H. Albert, Marktsoziologie und Entscheidungslogik, Neuwied und Berlin 1967, vor allem Kapitel 7 und 9 (Modell-Platonismus: Der neoklassische Stil des ökonomischen Denkens in kritischer Beleuchtung; Tautologisches und Ideologisches: Zur Grenzproduktivitätstheorie [Anhang zu Kapitel 9]) (H. S.).

Beitrag der Arbeit und des *Sach*kapitals; von der Produktivität des Kapitalisten ist keine Rede. Das ist vermutlich ihre schwächste Stelle. Keiner kann bezweifeln, daß Maschinen Produktion und Produktivität erhöhen und daß die Arbeiter auf sie angewiesen sind. In diesem Sinne kann man Samuelson nicht abstreiten, daß »Kapital« ein produktiver Faktor ist. Aber das *Sach*kapital ist produktiv (zusammen mit der Arbeit), *nicht* der Kapitalist. Er besitzt das Kapital, aber er ist nicht die Maschine. Die Maschine und der Arbeiter erbringen die Leistung; der Kapitalist erhält den Profit.

Auch nach Ansicht der kritischen Ökonomen sind Maschinen ein notwendiger oder »produktiver« Bestandteil des Produktionsvorgangs; sie würden selbst die Bedeutung der Tätigkeit leitender Angestellter anerkennen. Aber die Produktivität des Sachkapitals (das durch Arbeitseinsatz in der Vergangenheit geschaffen wurde) unterscheidet sich doch gründlich von der Möglichkeit, daß sich Kapitalisten einen Teil der Produktion in Form von Zins oder Profit aneignen können. »Es stimmt natürlich, daß man Material und Maschinen als physisch produktiv bezeichnen kann in dem Sinne, daß die Arbeitskraft mit ihnen zusammen ein größeres Produkt liefern kann als ohne sie, aber physische Produktivität darf unter keinen Umständen mit Wertproduktivität verwechselt werden.«[21] Mit anderen Worten: »Im Kapitalismus ›reift die Produktivität der Arbeit wie eine Pflanze im Treibhaus‹. Ob wir sagen, Kapital sei produktiv, oder Kapital sei notwendig, um Arbeit produktiv zu machen, ist von untergeordneter Bedeutung . . . Was gesagt werden muß, ist daß der Kapital*besitz* keine produktive Tätigkeit ist.«[22] Offensichtlich wird das bei den meisten heutigen Aktionären, die nur am Bankschalter Coupons vorlegen. Wenn einige Kapitalisten als Unternehmensleiter produktive Arbeit leisten, so steht das nicht im Widerspruch dazu, daß sie auch schon allein durch ihren Kapitaleinsatz Einkommen erzielen.

Der Standpunkt der politischen Ökonomie

Wie für Karl Marx ist für die politische Ökonomie die Auseinandersetzung zwischen menschlicher Arbeitskraft und Natur die Quelle jeder Produktion. Die kritische Analyse der Einkommensverteilung betont die soziologische Tatsache, *daß die Kapitalistenklasse alle Produktions-*

---

[21] P. Sweezy, The Theory of Capitalist Development, New York 1943, S. 61. Zitat aus der deutschen Ausgabe übernommen: Theorie der kapitalistischen Entwicklung, Frankfurt 1970, S. 80.
[22] J. Robinson, An Essay on Marxian Economics, New York 1960, S. 18.

ist auch Prod- mittel

mittel und die Rohstoffquellen besitzt, während die Arbeiterklasse nur ihre eigene Arbeitskraft besitzt. Unter diesen institutionellen Voraussetzungen *müssen* die Kapitalisten Profite erhalten, weil sie sonst nicht ihr Kapital investieren. Da die Kapitalisten Rohstoffquellen und Produktionsmittel besitzen, erhalten sie einen großen Teil des Volkseinkommens, obwohl sie keinerlei produktive Leistungen erbringen. (Wie Marx es ausdrückt, können sie unter diesen Bedingungen die Arbeiter ausbeuten und sich einen Teil des Produkts der Arbeiter als Profit aneignen.)

Die politische Ökonomie ist keine reine ökonomische Theorie, die sich nur mit Preis- und Lohnbildung befaßt. Sie ist vor allem eine historische Aussage über die politischen und ökonomischen Beziehungen im Kapitalismus. Sie führt Profit nicht auf eine einzelne »Ursache« zurück, sondern auf die Funktionsweise des kapitalistischen Systems mit seiner Klassenstruktur und seinen Institutionen. (Profit ist als der Überschuß definiert, der den Kapitalisten nach Zahlung der Löhne bleibt.)

Der Durchschnittsarbeiter produziert mehr, als er an Lohn erhält. Den Rest vereinnahmt der Kapitalist. Warum sind aber die Löhne langfristig so niedrig geblieben, daß sie niemals die Profite ernsthaft bedrohen konnten? Unter den Ökonomen des 19. Jahrhunderts bestand erstaunliche Einmütigkeit über die Lohnhöhe. Nicht Karl Marx, sondern Alfred Marshall schrieb: »Wenn die ökonomischen Bedingungen eines Landes lange genug stabil bleiben, ... werden die Menschen wohl im allgemeinen so viel verdienen, daß sie die Kosten für Erziehung, Ausbildung und für ihre Grundbedürfnisse bestreiten können und sich auch das leisten können, was man einfach als lebensnotwendig ansieht.«[23] Langfristig entspricht also der Preis der Arbeitskraft ihren jeweiligen ›Produktionskosten‹.

Die Einkommen des unteren Drittels der amerikanischen Familien sind so niedrig, daß es sich in einem Durchschnittsjahr verschulden muß, d. h. die Löhne decken kaum das Existenzminimum. Bei der Arbeiterschaft entsprechen wohl die Ersparnisse der einen den Schulden der anderen; da die meisten Arbeiterfamilien nicht einmal das »bescheidene, aber ausreichende« Einkommen nach der Definition des Bureau of Labor Statistics beziehen, werden gewöhnlich 95 % bis 100 % der Löhne für Konsum ausgegeben[24]. Das belegt die marxistische These, nach der die Löhne das »den kulturellen Gepflogenheiten des Landes entsprechende Existenzminimum« decken. Allerdings steigen die »kulturellen Gepflogenheiten« ständig, so daß der amerikanische Durch-

[23] Marshall, op. cit., S. 577.
[24] Siehe M. Friedman, A Theory of the Consumption Function, Princeton N. J. 1957, S. 69–79.

schnittslohn wohl kaum von der übrigen Welt als »Subsistenz«-Lohn anerkannt wird.

Die politische Ökonomie beschäftigt sich heute weniger mit Theorien über Lohnhöhe und Existenzminimum als vielmehr mit der Frage, warum die Lohnsumme der Arbeiter kleiner als das von ihnen produzierte Sozialprodukt ist. Zweifellos sind in den letzten hundert Jahren mit der Arbeitsproduktivität und dem Sozialprodukt auch die Löhne beträchtlich gestiegen. (Ob der *Anteil* der Löhne am Sozialprodukt gestiegen oder gefallen ist, ist eine Streitfrage der Statistiker.) Jedenfalls haben auch die Profite in erheblichem Umfang zugenommen und machen auch heute noch einen großen Anteil des Sozialprodukts aus. Die Löhne der Arbeiter sind sehr niedrig, wenn man sie mit den Spitzeneinkommen aus Profiten vergleicht. *Deshalb* müssen Arbeiter den größten Teil ihres Einkommens konsumieren und können nur wenig sparen.

Meinungsverschiedenheiten bestehen bei den Ökonomen vor allem bei der Frage, *weshalb* das Lohnniveau langfristig so niedrig bleibt. Warum steigen die Löhne so weit an, daß den Arbeitern das gesamte Sozialprodukt zufällt und die Profite verschwinden? Um diese Frage zu beantworten, untersuchen wir jetzt die Einflüsse auf Angebot und Nachfrage am Arbeitsmarkt.

Das Angebot an Arbeitskräften (zum gängigen Lohn) hängt von Bevölkerungsgröße, Gesetzen (z. B. über Kinderarbeit und Altersversorgung) und soziologischen Faktoren (z. B. Einstellung zur Frauenarbeit) ab. Die beiden letzten Einflüsse können wir außer Betracht lassen, weil sie sich nur sehr langsam ändern. Die Klassiker – z. B. Malthus – betonten die Bedeutung der Bevölkerungsgröße für die Lohnhöhe. Höhere Löhne würden zu mehr Geburten führen, mehr Geburten wiederum zu mehr Kindern, die die ersten Lebensjahre überleben, und mit der Bevölkerung wächst dann auch das Angebot an Arbeitskräften, so daß letzten Endes wieder die Löhne sinken. Die meisten politischen Ökonomen haben die Bevölkerungsgröße nicht als wichtigen Einfluß auf die Lohnhöhe anerkannt, denn (1) reagieren die Menschen nicht so schnell auf Einkommensschwankungen (zumindest dann nicht, wenn das Einkommen über dem Existenzminimum liegt), und (2) ändert sich die Größe der Bevölkerung nur allmählich, die Löhne aber unterliegen relativ häufigen und heftigen Schwankungen.

Erhöht sich die Grenzproduktivität des Kapitals durch den technischen Fortschritt und wird deshalb die menschliche Arbeit in der Produktion durch Maschinen ersetzt, so beeinflußt das die Nachfrage nach Arbeitskräften. Ein solcher Vorgang benötigt aber viel Zeit, und daher ist die technologische Entwicklung ebenfalls kein entscheidender Einfluß auf die Lohnhöhe. Die Grenzproduktivitätstheorie kann langfristige

Änderungen des Lohnniveaus miterklären, aber sie versagt völlig, wenn man mit ihr den Rückgang der Löhne in Depressionen erklären will.

Der wichtigste Einfluß auf die Nachfrage nach Arbeitskraft ist nach Ansicht vieler politischer Ökonomen die gesamtwirtschaftliche Nachfrage, denn die Kapitalisten stellen nur dann Arbeiter ein, wenn sie die von ihnen produzierten Güter verkaufen können. Ist die gesamtwirtschaftliche Nachfrage geringer als das gesamtwirtschaftliche Angebot, so sinkt die Produktion und Arbeiter werden entlassen. Bei Arbeitslosigkeit können die Kapitalisten niedrigere Löhne durchsetzen, weil die Arbeiter miteinander um Stellen konkurrieren. *Arbeitslosigkeit ist also der wichtigste Grund für die niedrigen Löhne.*

Arbeitslosigkeit ist auf einen Mangel an gesamtwirtschaftlicher Nachfrage zurückzuführen. (Das Vordringen von Maschinen im Produktionsprozeß kann sie langfristig noch verstärken.) Dieser Nachfragemangel kann viele Ursachen haben (siehe dazu die Kapitel über Depressionen und Arbeitslosigkeit in Band 2). Nach Ansicht der politischen Ökonomen hängt das eine vom anderen ab; Arbeitslosigkeit entsteht aus Nachfragemangel und Nachfragemangel aus Arbeitslosigkeit (denn ohne Einkommen kann ein Arbeiter keine Güter nachfragen). Die gesamtwirtschaftliche Nachfrage hängt also einerseits von der Höhe des Volkseinkommens, andererseits von der Einkommensverteilung ab, denn Arme müssen einen weit größeren Teil ihres Einkommens für den notwendigsten Konsum ausgeben als die Reichen.

Außer der gesamtwirtschaftlichen Nachfrage übt auch die Struktur des Arbeitsmarktes einen wichtigen Einfluß auf die Höhe des Lohns aus. In modernen kapitalistischen Volkswirtschaften herrschen Monopole vor, nicht die vollkommene Konkurrenz. Gesamtwirtschaftliches Angebot und gesamtwirtschaftliche Nachfrage stecken dann nur grob die Grenzen ab, innerhalb deren sich der tatsächliche Lohnsatz als Ergebnis der Tarifverhandlungen zwischen Gewerkschaften und Kapitalisten bildet. Ein solcher Verhandlungskompromiß spiegelt die Machtverhältnisse wider: Auf der einen Seite steht die immense politische und wirtschaftliche Macht einiger riesiger Konzerne, auf der anderen Seite die große Zahl der Arbeiter. Der eine Teil der Arbeiterschaft ist unorganisiert und ohne jede Macht, der andere Teil hat sich in Gewerkschaften zusammengeschlossen, die über ein wenig Macht verfügen. Im vierten Kapitel untersuchen wir Monopole und ihren Einfluß auf die Lohnhöhe; Kapitel 7 behandelt den Erfolg der staatlichen Einkommensumverteilung.

Schlußfolgerung

Liberale Keynesianer und auch ein Teil der Neoklassiker erkennen die Bedeutung vieler dieser Einflüsse auf die Lohnhöhe an. Die Übereinstimmung der Ökonomen endet, wenn es um ihre Bewertung geht. Die konservativen Neoklassiker sind nach wie vor von der Rechtmäßigkeit der Profite überzeugt und betonen die Produktivität des Kapitals und heben hervor, wie wichtig Profite für Investitionen der Kapitalisten sind. Ohne Aussicht auf Profite würden Kapitalisten weder auf Gegenwartskonsum verzichten, noch könnten sie auf die Erträge von Investitionen warten. Alle Kapitalisten und ihre Sympathisanten unterstützen diese Ansicht.

Die politische Ökonomie hält Profite für ungerechtfertigt, denn die Kapitalisten besitzen zwar das Kapital (das für die Produktion zweifellos notwendig ist), aber sie tragen zur eigentlichen Produktion nichts bei. Sie haben das Monopol für Kapital und können daher die Arbeiter *ausbeuten,* indem sie sich einen Teil ihrer Produktion als Profit aneignen. Aus dieser Sicht ist *jeder* Profit ein Übel. Das ist der Standpunkt mancher Arbeiter und eines jeden, der mit der arbeitenden Bevölkerung sympathisiert.

Betonen die Vertreter dieser beiden Ansichten »nur« zwei verschiedene Seiten der gleichen Realität oder sind sie der Meinung, die mit ihren persönlichen Interessen am besten übereinstimmt? Auch die Ökonomen, die am meisten ihre Objektivität beteuern, entpuppen sich oft als Anwälte in eigener Sache.

Zusammenfassung

In den USA ist das Einkommen sehr ungleich verteilt. Es gibt viel echte Armut. Der größte Teil des Einkommens der Reichen besteht aus Profiten, während die Armen und die übrige Bevölkerung fast nur Lohneinkommen beziehen.

Nach der Grenzproduktivitätstheorie erhalten die Arbeiter als Lohn das Grenzprodukt ihrer Arbeit, und die Kapitalisten erhalten das Grenzprodukt des Kapitals, Profit. Diese konservative Theorie rechtfertigt die bestehende Einkommensverteilung. Kritische Ökonomen räumen ein, daß die Grenzproduktivitätstheorie eine Regel liefert, wie man Arbeit und Kapital auf verschiedene Branchen aufteilen kann. Sie kreiden jedoch der Grenzproduktivitätstheorie an, daß sie (1) die Einkommensverteilung nicht erklären kann, (2) wirklichkeitsfremd ist und sich auf keine meßbaren Größen bezieht und (3) den produktiven Beitrag des Kapitals mit dem produktiven Beitrag des Kapitalisten verwechselt.

Für die politische Ökonomie ist die gesamte Produktion einer Wirtschaft auf die Leistung der Arbeiter zurückzuführen. Die Kapitalisten eignen sich davon einen Teil in Form von Profiten an (denn sie kontrollieren alle Rohstoffquellen und die Produktionsmittel). Politische Ökonomen fordern (1) die Abschaffung des privaten Profits und (2) die Überführung von Rohstoffquellen und Produktionsmitteln aus den Händen einer Minderheit von Kapitalisten in die demokratische Kontrolle der gesamten Öffentlichkeit.

4. Vollkommene Konkurrenz und Monopol

In diesem Kapitel untersuchen wir, wie ein Unternehmen seinen Profit maximiert; mit Profit bezeichnen wir den Unterschied zwischen Verkaufserlösen[1] und Kosten. Bei gegebenen Angebots- und Nachfragebedingungen hängt der Erlös eines Unternehmens vom Wettbewerb in seiner Branche ab.

Eine *Branche* ist die Gesamtheit aller Unternehmen, die ein bestimmtes Produkt herstellen. Spricht man von der Stahlbranche oder der Automobilbranche, so meint man damit alle Unternehmen, die Stahl bzw. Automobile produzieren. Wir unterscheiden Branchen nach ihrer Marktstruktur: vollkommene Konkurrenz, monopolistische Konkurrenz, Oligopole und Monopole.

Marktstruktur und Wettbewerb

Vollkommene Konkurrenz: Eine Branche muß vier Kriterien erfüllen, um unter diesen Begriff zu fallen:

(1) Sie muß aus sehr vielen Unternehmen bestehen, denen eine große Anzahl Nachfrager gegenübersteht.

(2) Jeder Anbieter hat einen so kleinen Marktanteil, daß seine Entscheidungen keinen Einfluß auf den Preis des Branchenprodukts haben. Auch ein Nachfrager bezieht nur einen kleinen Teil der Branchenproduktion und kann daher ebenfalls nicht den Preis beeinflussen.

(3) Es herrscht freier Marktzugang und freier Marktabgang. Ein neues Unternehmen kann ohne Schwierigkeiten in die Branchen eindringen, und ein altes Unternehmen kann ohne Hindernisse ausscheiden.

(4) Alle Unternehmen der Branche stellen praktisch das gleiche Produkt her. Die Nachfrager haben keine Vorliebe für das Produkt eines bestimmten Herstellers; es ist ihnen gleichgültig, von wem sie eine bestimmte Ware beziehen.

Monopol: Es existiert nur ein einziger Anbieter für ein Gut, das man nicht durch ein anderes ersetzen kann. (Es fehlen sog. *enge Substitutionsgüter*.) Im Monopolfall besteht die Branche nur aus einem Unternehmen. Will ein Monopolist seine Stellung verteidigen, so muß er *Eintrittsbarrieren* errichten, damit keine neuen Firmen in die Branche

---

[1] Erlös und Umsatz bezeichnen das gleiche, Absatz bezieht sich im allgemeinen auf die Menge verkaufter Güter (H. S.).

eindringen und ihm Konkurrenz machen können. Gelingt es einem Monopolisten, andere Unternehmen vom Marktzugang durch Eintrittsbarrieren auszuschließen, so sind sie gewöhnlich eine sehr lohnende Investition, denn ein Monopolist kann den Preis nach seinem Belieben festsetzen (im Rahmen der Nachfragefunktion). Er kann sich den Preis aussuchen, der seinen Profit maximiert.

Neben den Extremen – vollkommene (oder: atomistische) Konkurrenz und Monopol – unterscheiden die Ökonomen noch zwei weitere Fälle. Die *monopolistische Konkurrenz* liegt näher bei der vollkommenen Konkurrenz als beim Monopol. Die Unternehmen einer solchen Branche treiben *Produktdifferenzierung*, d. h. ihre Produkte unterscheiden sich geringfügig. (Ein Anbieter hat z. B. eine attraktivere Verpackung oder einen besseren Kundendienst als die anderen.) Einige Nachfrager kaufen dann lieber ihre Ware bei dem einen oder dem anderen Anbieter. Die Firmen haben daher einen gewissen Preisspielraum. Der Marktzugang ist für neue Unternehmen in einer solchen Branche schwieriger als bei vollkommener Konkurrenz.

Das *Oligopol* ist näher am Monopol (und oft gibt es für die Nachfrager keinen Unterschied mehr). Ein Oligopol besteht aus einer kleinen Anzahl großer Anbieter, von denen jeder einen großen Marktanteil besitzt. Es ist oft genauso schwer, in eine oligopolistische Branche einzudringen wie in eine monopolistische. Oligopolisten differenzieren häufig (aber nicht immer) ihre Produkte. Das entscheidende Merkmal der Oligopole ist die gegenseitige Abhängigkeit der Anbieter: Jeder muß mit Reaktionen seiner Konkurrenten rechnen, wenn er seinen Preis um einen größeren Betrag verändert.

In diesem Kapitel erörtern wir, wie eine Unternehmung bei vollkommener Konkurrenz und bei Monopolbedingungen den Profit maximiert. Die Gewinnmaximierung bei monopolistischer Konkurrenz und im Oligopol untersuchen wir in Kapitel 5.

Nachfrage und Preisbildung bei vollkommener Konkurrenz

Die Branche als Ganzes kann eine größere Menge nur zu einem niedrigeren Preis (oder: Durchschnittserlös) verkaufen. Für die einzelne Unternehmung gilt etwas *anderes: Unter den Bedingungen vollkommener Konkurrenz ist jedes Unternehmen so klein, daß es mit seiner Angebotsmenge keinen spürbaren Einfluß auf das Gesamtangebot der Branche ausüben kann* – ganz gleich, welche Menge es anbieten will. Ein Unternehmen kann daher bei vollkommener Konkurrenz *jede beliebige Menge* zum Marktpreis absetzen.

Diese Situation ist in Abbildung 4.1 (a) für die Branche, in Abbildung 4.1 (b) für das einzelne Unternehmen dargestellt. Abbildung 4.1 (a) enthält Angebot und Nachfrage für die Branche als Ganzes. Abbildung 4.1 (b) zeigt die Nachfragekurve für ein Unternehmen bei vollkommener Konkurrenz; sie fällt dann mit dem Preis zusammen.

Abbildung 4.1

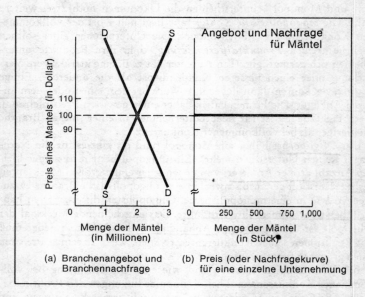

(a) Branchenangebot und
    Branchennachfrage

(b) Preis (oder Nachfragekurve)
    für eine einzelne Unternehmung

Der Preis eines Mantels ($ 100) wird auf dem Markt (der für die ganze Branche der gleiche ist) durch den Schnittpunkt von (Branchen-) Angebotskurve und Nachfragekurve festgelegt. Aus Abbildung 4.1 (b) erkennt man, daß eine *einzelne Firma bei diesem Preis jede beliebige Menge absetzen kann.* Wir haben unterstellt, daß die einzelne Unternehmung nicht das Gesamtangebot der Branche beeinflussen kann; da bei einem Preis von $ 100 das Gesamtangebot der Branche der Nachfrage entspricht, gibt es bei diesem Preis für die Einzelunternehmung keinerlei Absatzprobleme.

Demnach muß die Nachfragekurve, die für die Einzelfirma gilt, eine waagerechte, gerade Linie sein, die in Höhe des für die ganze Branche geltenden Preises verläuft. Wir nehmen an, die Firma würde ihren Preis erhöhen, um ihre Verkaufserlöse zu steigern. Es herrscht jedoch vollkommene Konkurrenz; alle Unternehmen der Branche stellen das gleiche Produkt her, und kein Konsument ist daher bereit, mehr als $ 100 für das Produkt einer Firma zu zahlen, wenn er genau das gleiche bei einem Konkurrenten für $ 100 kaufen kann. Aus ähnlichen Gründen wird sich kein Unternehmen finden lassen, das etwas für weniger als $ 100 verkauft. Es kann nämlich so viel es will zum Marktpreis von $ 100 absetzen und hat also keinen Grund, den Preis zu senken. Einem Unternehmen bei vollkommener Konkurrenz ist also der Preis fest vorgegeben, den es weder erhöhen kann noch senken will. (Im Monopolfall sieht das ganz anders aus.)

Angebot und Produktionskosten

Wieviel ein Unternehmen bei verschiedenen Marktpreisen von seinem Produkt anbieten will, hängt zum großen Teil von den Kosten ab, die bei verschiedenen Produktionsmengen entstehen. In diesem Abschnitt werden wir den kurzfristigen Kostenverlauf untersuchen: Der Ausstoß des Unternehmens ist durch die Produktionskapazität der vorhandenen Fabrikationsanlagen begrenzt. Innerhalb eines längeren Zeitraums könnte das Unternehmen einen größeren Betrieb errichten oder neue Anlagen installieren, um die Produktionskapazität zu erhöhen. In dem hier betrachteten kürzeren Zeitraum sind Größe und Umfang des Sachkapitals vorgegeben.

Weil die Betriebsgröße kurzfristig nicht zu verändern ist, sind einige Kosten fixiert. Sie entstehen in jedem Fall, ob die Firma nichts oder an ihrer Kapazitätsgrenze produziert. Diese *Fixkosten* umfassen die Wartungskosten für Anlagen und Gebäude, Pacht, die Kosten für Wächter usw. Wenn das Unternehmen mehr Güter produziert, werden sich die *durchschnittlichen* Fixkosten verringern, denn der gleiche Kostenbetrag verteilt sich jetzt auf mehr Stück.

Die *durchschnittlichen Gesamtkosten* (Gesamtkosten bezogen auf die Gesamtmenge) sinken *nicht* immer weiter ab, sondern sie werden von einem bestimmten Punkt an wieder steigen. Um diesen Zusammenhang zu verstehen, müssen wir noch andere Kostenarten betrachten. Selbst kurzfristig sind manche Kosten veränderbar (vor allem Material- und Lohnkosten). Die Firma kann mehr oder weniger Produkte herstellen, indem sie mehr oder weniger Arbeiter beschäftigt und mehr oder weniger Material verwendet.

Die *durchschnittlichen variablen* Kosten je Stück erhält man, wenn die Gesamtkosten für Löhne und Material durch die Produktionsmenge dividiert werden. Angenommen, ein Arbeiter stellt aus einer bestimmten Menge Stoff zehn Mäntel her, und jeder zusätzliche Arbeiter würde aus der gleichen Menge Stoff ebenfalls zehn Mäntel herstellen, so wären die durchschnittlichen variablen Kosten je Stück immer gleich hoch, wieviel das Unternehmen auch herstellen würde. Die Kurve der durchschnittlichen variablen Kosten wäre eine gerade, waagerechte Linie. Die Menge der produzierten Mäntel hätte keinen Einfluß auf die Höhe der durchschnittlichen variablen Kosten.

Bei den meisten Produktionsprozessen dürfte das nicht der Fall sein. Im allgemeinen sind Gebäude und Anlagen auf eine bestimmte Produktionsmenge zugeschnitten, bei der das Unternehmen am wirtschaftlichsten arbeitet. Um ein bestimmtes Gut herzustellen, ist gewöhnlich eine Reihe verschiedener Produktionsvorgänge erforderlich, die unterschiedlich schnell ablaufen und die daher nur schwer aufeinander abzustimmen sind.

Nachdem die Ingenieure die Geschwindigkeiten berechnet haben, mit denen die verschiedenen Produktionsvorgänge ablaufen, wird der Betrieb gebaut und mit Produktionsanlagen ausgerüstet. Es gibt dann eine *optimale* Produktionsmenge, bei der die einzelnen Produktionsvorgänge optimal aufeinander abgestimmt sind. Die durchschnittlichen Gesamtkosten sind bei dieser optimalen Produktionsmenge am niedrigsten; bei jeder niedrigeren oder höheren Menge sind sie größer. Da die durchschnittlichen Fixkosten mit steigender Menge immer weiter fallen, können im Endergebnis die durchschnittlichen Gesamtkosten (durchschnittliche variable *plus* durchschnittliche fixe Kosten) anfangs steil fallen und weiter sinken, bis der Optimalpunkt erreicht ist. Nach diesem Punkt können sie wieder langsam ansteigen. Abbildung 4.2 stellt diesen Verlauf der durchschnittlichen Gesamtkosten dar (Regelfall der U-förmigen Kostenkurve)[2].

[2] Zur Verdeutlichung:
K sind die Gesamtkosten,
K_F die Fixkosten,
K_V die variablen (Gesamt-)Kosten,
und Q ist die Produktionsmenge.
Fixkosten + variable Kosten = Gesamtkosten

$$K_F \quad + \quad K_V \quad = \quad K$$

Durchschnittliche (Gesamt-)Kosten $= \dfrac{\text{Gesamtkosten}}{\text{Produktionsmenge}}$

$$= K / Q = (K_F + K_V) / Q = DK$$

Durchschnittliche Fixkosten $= \dfrac{\text{Fixkosten}}{\text{Produktionsmenge}} \quad = \dfrac{K_F}{Q}$

Durchschnittliche variable Kosten $=$

$$= \dfrac{\text{variable (Gesamt-)Kosten}}{\text{Produktionsmenge}} = \dfrac{K_V}{Q}$$

Stückkosten bezeichnen das gleiche wie durchschnittliche Kosten (H. S.).

Abbildung 4.2

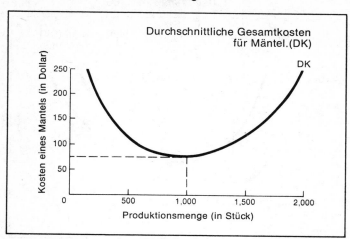

In Abbildung 4.2 sind die verschiedenen Produktionsvorgänge bei einer Menge von 1000 Mänteln optimal aufeinander abgestimmt, und die Produktionsanlagen werden dann am wirtschaftlichsten ausgenutzt (die Kosten eines Mantels betragen nur $ 75). Bei einem kleineren Ausstoß entsteht an manchen Stellen Leerlauf, weil die Anlagen nicht optimal genutzt werden; folglich steigen die Stückkosten. Bei größeren Mengen treten Engpässe auf, da die Anlagen *überbeansprucht* werden; daher sind die Stückkosten höher. Je weiter sich eine Unternehmung von der Optimalmenge entfernt (1000 Mäntel in diesem Fall), um so höher sind ihre durchschnittlichen Kosten. Das gilt für Produktionsmengen, die größer oder kleiner als die Optimalmenge sind.

Noch wichtiger als die Durchschnittskosten sind die Grenzkosten, weil sie die Grundlage der Angebotskurve bilden. *Grenzkosten* sind folgendermaßen definiert:

$$\text{Grenzkosten} = \frac{\text{Zunahme der Gesamtkosten}}{\text{Zunahme der Produktionsmenge}}$$

Da wir statt von Zunahme genauso gut von Abnahme sprechen können, kann das Wort *»Zunahme«* durch *»Änderung«* ersetzt werden, um die Definition zu verallgemeinern.

Die Grenzkosten in Abbildung 4.3 stellen die Steigerung der Gesamtkosten dar, die auf die Produktion eines zusätzlichen Mantels zurückzuführen sind. Wenn die der Mengenveränderung zurechenbare Änderung der Gesamtkosten niedriger als die Durchschnittskosten ist,

Abbildung 4.3

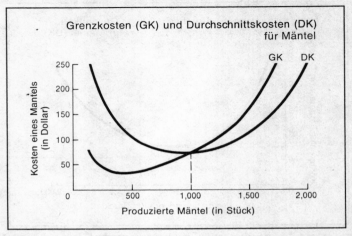

so kann man sagen, daß die niedrigeren Grenzkosten die Durchschnittskosten nach unten drücken. Das ähnelt dem Fall, daß eine Person mehreren Tests unterworfen wird. Das Ergebnis des letzten Tests zieht den
Durchschnitt aller Tests nach oben oder drückt ihn nach unten, je nachdem, ob es über oder unter dem Durchschnitt liegt. Bei einer *sinkenden*
Durchschnittskostenkurve muß die Grenzkostenkurve *unter* ihr liegen.
Steigen die Durchschnittskosten, so muß die Grenzkostenkurve *darüber*
liegen. Diesen Zusammenhang zwischen Grenz- und Durchschnittskosten stellt Abbildung 4.3 dar.

Solange bei kleinen Mengen ein zusätzlicher Mantel (Grenzkosten)
weniger als die vor ihm produzierten Mäntel (Durchschnittskosten) kostet, verbilligen sich die Durchschnittskosten bei einer Produktions-
erhöhung (z. B. betragen die Grenzkosten bei 500 Mänteln nur $ 25).
Steigt die Produktion hingegen über die Optimalmenge, so wachsen
die Grenzkosten sehr schnell über die Durchschnittskosten (z. B. auf
$ 150 bei 1500 Mänteln).

Wir fassen zusammen: (1) Das Minimum (der niedrigste Wert) der
Durchschnittskosten liegt bei ihrem Schnittpunkt mit den Grenzkosten.
(An diesem Punkt sind Grenz- und Durchschnittskosten gleich groß.)
(2) Sind die Grenzkosten kleiner als die Durchschnittskosten, so drük-
ken sie die Durchschnittskosten. (3) Sind die Grenzkosten größer als die
Durchschnittskosten, so ziehen sie die Durchschnittskosten nach oben.

Der Kostenbegriff

Für einen traditionellen neoklassischen Ökonomen bezeichnet der Kostenbegriff nicht nur Kosten, die mit einer Geldausgabe verbunden sind. Diese Kosten nennen die Ökonomen *aufwandsgleiche* Kosten: Man kann ihnen einen Geldaufwand zuordnen. Daneben gibt es aber noch die *kalkulatorischen* Kosten (oder *Zusatzkosten*). Dies sind Kosten, die der Kapitalist selber zu tragen hätte, *wenn er nicht Unternehmenseigentümer wäre.* Zu ihnen zählen z. B. ein normaler Profit (der durchschnittliche Kapitalertrag in der Wirtschaft) und der Lohn für die Arbeit des Unternehmers (sog. kalkulatorische Zinsen und kalkulatorischer Unternehmerlohn)[3].

Wir nehmen an, jemand hat $ 20 000 gespart und eröffnet damit eine Tankstelle. Nach dem ersten Geschäftsjahr stellt er folgende Rechnung auf: Umsätze insgesamt $ 32 000, Kosten insgesamt $ 22 000; Gewinn $ 10 000. Ein Ökonom käme zu einem anderen Ergebnis. Angenommen, der Eigentümer hat wöchentlich 60 Stunden gearbeitet und er hätte einem anderen $ 3 Stundenlohn für diese Arbeit zahlen müssen, so wird ein Ökonom seinen Arbeitsaufwand mit $ 9360 bewerten (kalkulatorischer Unternehmerlohn). Seine $ 20 000 Ersparnisse hätten vielleicht bei Anlage in festverzinslichen Wertpapieren 6 % Zinsen gebracht; der Ökonom rechnet jetzt $ 1200 kalkulatorische Zinsen wie den kalkulatorischen Unternehmerlohn zu den Kosten hinzu und teilt dem Tankstellenbesitzer mit, daß er einen Verlust von $ 560 statt einen Gewinn von $ 10 000 gemacht hat.

In der Neoklassik ist nur das Profit, was die kalkulatorischen *und* die aufwandsgleichen Kosten übersteigt (sog. Zusatzprofite – *excess profits*). Diese Kostendefinition ist sinnvoll, hat allerdings einen ziemlich konservativen Einschlag.

Sie zeigt, daß ein Kapitalist von seinem investierten Kapital eine gewisse Mindestverzinsung (Mindestprofit) *erwartet,* sonst investiert er es nicht. Als Mindestertrag gilt gewöhnlich der Durchschnittsprofit der

---

[3] Die Terminologie ist nicht ganz einfach: Kosten bezeichnen bei den Betriebswirten wertmäßigen Verbrauch von Wirtschaftsgütern, der auf die betriebliche Leistungserstellung zurückzuführen ist. Aufwand ist dagegen die bloße Geldausgabe. Es gibt nun (1) Aufwand, dem keine Kosten gegenüberstehen (etwa weil der Bezug zur Leistungserstellung fehlt – z. B. Spenden); (2) aufwandsgleiche Kosten. Ihnen kann man eine entsprechende Geldausgabe zuordnen (Materialeinkauf, Lohnzahlung). Schließlich gibt es (3) Kosten, denen keine Geldausgabe gegenübersteht – etwa die Nutzung des Eigenkapitals oder der Lohn für die Arbeit des Unternehmers. Güter werden verbraucht, aber es entsteht kein Aufwand (Geldausgabe). Das sind die kalkulatorischen Kosten. Vgl. G. Wöhe, Einführung in die allgemeine Betriebswirtschaftslehre, 9. Aufl., Frankfurt/Berlin 1969, S. 645 ff. (H. S.).

letzten Jahre. Es trifft zu, daß das Anbieterverhalten von den Kosten abhängt, wenn man den Durchschnittsprofit zu den Kosten zählt. Auch wir verwenden diesen Kostenbegriff, denn er hat sich eingebürgert. Lehrbücher gehen davon aus, daß bei vollkommener Konkurrenz Angebots- und Grenzkostenkurve eines Unternehmens identisch sind. (Wir vertiefen diesen Punkt auf S. 77.)

In die neoklassische Kostendefinition hat sich der Gedanke eingeschlichen, daß Kapitalisten den Profit *verdienen,* da ihnen Kosten entstehen, wenn sie Kapital für die Produktion zur Verfügung stellen. Für die Produktion ist Sachkapital zweifellos notwendig, und man muß in jeder Gesellschaft die Kapitalgüter dort einsetzen, wo sie die höchsten Erträge bringen. Setzt man das Sachkapital (d. h. Maschinen, Fabriken und andere Produktionsmittel) an einer bestimmten Stelle in der Volkswirtschaft ein, so entstehen gesamtwirtschaftliche Kosten, denn das Kapital kann jetzt an keiner anderen Stelle mehr verwendet werden. Es trifft ebenfalls zu, daß in einem *kapitalistischen System* Kapitalisten ohne der Aussicht auf mindestens den Durchschnittsprofit nichts investieren. Aber die Produktivität der Kapitalgüter hat nichts mit der Produktivität der Kapitalisten oder mit ihrer Berechtigung zu Profiten zu tun. Eine sozialistische Gesellschaft würde also auch ihre vorhandenen Mittel unter öffentlicher Kontrolle auf Investitionsprodukte verteilen müssen. Auch dort wäre der Kapitaleinsatz Teil der Produktionskosten, und man würde für jeden Industriezweig die Erträge einer Investition berechnen, um zu entscheiden, wo das Kapital eingesetzt werden soll. In einer sozialistischen Gesellschaft würde aber niemand privaten Profit beziehen.

Man kann die Gesamtkosten aus der Graphik der Stückkosten sofort ablesen. Gesamtkosten sind das Produkt aus Durchschnittskosten und Produktionsmenge, denn die Durchschnittskosten sind als Gesamtkosten geteilt durch Menge definiert. In Abbildung 4.4 sind die Gesamtkosten als schraffiertes Rechteck eingezeichnet. Man errichtet bei der betreffenden Produktionsmenge eine Senkrechte (im Beispiel bei 700 Stück), die die Stückkostenkurve schneidet. Durch diesen Schnittpunkt legt man eine Parallele zur Abszisse (Mengenachse). Man kann jetzt an der Ordinate (Kostenachse) die Durchschnittskosten ($ 80) für die Produktionsmenge (700 Stück) ablesen. Weil aber die Strecke vom Abszissenwert (700) zum Nullpunkt und die Strecke vom Nullpunkt zum Ordinatenwert ($ 80) die benachbarten Seiten eines Rechtecks sind, entspricht das Produkt der beiden Werte dem Flächeninhalt des Rechtecks. Es gibt in Abbildung 4.4 also die gesamten Produktionskosten an: 700 × $ 80 = $ 56 000.

Abbildung 4.4

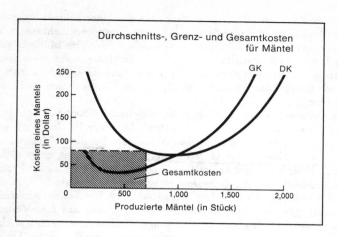

Gewinnmaximum bei vollkommener Konkurrenz

Wir wissen bereits: Eine einzelne Unternehmung steht bei vollkommener Konkurrenz einer geradlinigen, waagerechten Nachfragekurve gegenüber, wenn sich ein Preis für das Branchenprodukt gebildet hat. In Abbildung 4.5 sind die Nachfragekurve, die Grenzkostenkurve und

Abbildung 4.5

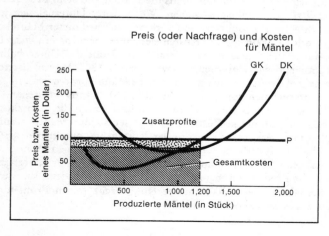

die U-förmige Durchschnittskostenkurve (Beschreibung s. o.) eingezeichnet.

Welches Ziel steht hinter dem Verhalten der Unternehmer (oder der angestellten Unternehmensleiter) bei einem gegebenen Marktpreis? Die Antwort fast aller Ökonomen (von Adam Smith bis in die Gegenwart) lautet: Das wichtigste Ziel aller Kapitalisten oder ihrer angestellten Unternehmensleiter ist die Profitmaximierung. Wir richten uns nach dieser Antwort und behandeln jedes Unternehmen als Profitmaximierer.

Der Unternehmensleiter, dessen Kosten- und Erlöskurven in Abbildung 4.5 dargestellt sind, wird den Profit bei einer Produktions- und Verkaufsmenge von 1200 Mänteln maximieren. Bei dieser Menge stimmen die Grenzkosten der Unternehmung mit dem Preis überein. Die Profitmaximierungsregel bei vollkommener Konkurrenz lautet: Produziere die Menge, bei der *Grenzkosten und Preis gleich sind*! In Abbildung 4.5 findet man zwei schraffierte Rechtecke. Die Fläche aus beiden Rechtecken gibt den Gesamterlös der Unternehmung aus dem Verkauf an (weil sie dem Produkt aus Preis und Verkaufsmenge entspricht). Die Fläche des unteren Rechtecks stellt die Gesamtkosten der Unternehmung dar (weil es das Produkt aus Stückkosten und Produktionsmenge ist). Die Fläche des oberen Rechtecks entspricht dem Profit des Unternehmens (weil es den Unterschied zwischen Gesamtkosten und Gesamterlös darstellt – definitionsgemäß der Profit).

Um zu sehen, warum die Menge von 1200 Mänteln in Abbildung 4.5 den Profit des Unternehmens maximiert, stellen wir uns vor, die Firma würde eine kleinere Menge produzieren und verkaufen. Bei jeder Menge unter 1200 Mänteln ist der Verkaufspreis eines Mantels höher als seine Grenzkosten, d. h. als die Kosten, die beim Produzieren einer zusätzlichen Einheit entstehen. Wenn dieses Unternehmen jetzt einen Mantel mehr produziert und verkauft, so wird dieser Mantel den Verkaufserlös stärker als die Kosten des Unternehmens erhöhen. Der letzte Mantel wird also einen Beitrag zum Profit des Unternehmens leisten. Solange das Unternehmen weniger als 1200 Mäntel herstellt, kann es seinen Profit erhöhen, wenn es mehr Mäntel produziert.

Das Unternehmen soll jetzt mehr als 1200 Mäntel herstellen. Bei jeder Menge oberhalb von 1200 Mänteln übersteigen die Grenzkosten den Preis eines Mantels. Würde die Firma jetzt einen Mantel weniger herstellen und verkaufen, so wäre der Kostenrückgang größer als der Erlösrückgang. Ihr Profit würde also steigen. Bei einem Absatz von mehr als 1200 Mänteln kann das Unternehmen den Profit erhöhen, indem es die Produktionsmenge verringert. Jetzt wird deutlich, warum ein Unternehmen bei vollkommener Konkurrenz seinen Profit maximiert, wenn es Grenzkosten gleich Preis setzt.

Die Grenzkostenkurve gibt für jeden Preis die Angebotsmenge des Unternehmens an. Eine Kurve, die verschiedenen Preisen die Angebotsmengen zuordnet, ist nichts anderes als die *Angebotskurve*. Bei vollkommener Konkurrenz ist also die Grenzkostenkurve eines Unternehmens seine Angebotskurve[4]. Die *Branchenangebotskurve* erhält man, wenn man für jeden Preis die Angebotsmenge aller Firmen zusammenzählt (sog. »horizontale« Addition).

Unternehmens- und Branchengleichgewicht bei vollkommener Konkurrenz

Bei vollkommener Konkurrenz wird der Preis des Branchenprodukts durch den Schnittpunkt von (Branchen-)Angebotskurve und (Branchen-)Nachfragekurve bestimmt. An diesen Preis paßt sich das Einzelunternehmen so mit seiner Menge an, daß es den Profit maximiert. Abbildung 4.6 (b) enthält die Erlös- und Kostenkurven einer Einzelunternehmung.

Das einzelne Unternehmen und die Branche befinden sich in Abbildung 4.6 nur im kurzfristigen Gleichgewicht. Angebot und Nachfrage

Abbildung 4.6

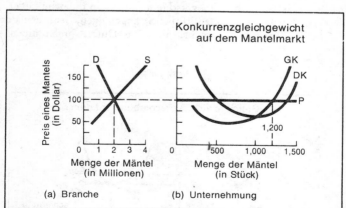

(a) Branche   (b) Unternehmung

Genaugenommen ist nur der Teil der Grenzkostenkurve über dem Minimum der Durchschnittskostenkurve die Angebotskurve des Unternehmens. Sinkt der Preis so weit, daß er nicht einmal mehr die variablen Durchschnittskosten deckt, so nimmt man an, daß das Unternehmen die Produktion einstellt.

stimmen für die Branche als Ganzes überein, und bei den Unternehmen sind Grenzkosten gleich Preis. Solange aber Unternehmen Zusatzprofite machen, ist die Branche nicht im langfristigen Gleichgewicht.

Wenn wir von Zusatzprofiten reden, so gehen wir davon aus, daß alle Firmen die gleiche Produktionstechnik und ähnliche Produktionsfaktoren wie das abgebildete Unternehmen verwenden. Alle Firmen der Branche sollen also weitgehend den gleichen Kostenverlauf haben (Abbildung 4.6 [b]). Die Kostenkurven eines Unternehmens enthalten auch kalkulatorische Kosten (die dem durchschnittlichen Ertrag des Kapitals in der Wirtschaft entsprechen), d. h. einen Durchschnittsprofit.

Alle Unternehmen dieser Branche erzielen also Zusatzprofite, d. h. Profite, die über dem durchschnittlichen Kapitalertrag liegen. Dieser Zusatzprofit zieht die Kapitalisten anderer Branchen an, denen bei vollkommener Konkurrenz keine Eintrittshindernisse entgegenstehen.

Eine Branche befindet sich im langfristigen Gleichgewicht, wenn für die Unternehmen weder zum Eindringen noch zum Verlassen Grund besteht. Die Branche in Abbildung 4.6 ist nicht im langfristigen Gleichgewicht: Neue Firmen werden angezogen, denn hier kann man Zusatzprofite machen.

Dringen neue Firmen in die Branche ein, so muß man ihre Produktion zum Branchenangebot hinzuzählen, um die neue Angebotskurve zu ermitteln. Abbildung 4.7 stellt die gleiche Situation wie Abbildung 4.6 dar, doch man sieht auch, wie sich die Angebotskurve durch die neuen Unternehmen nach rechts verschiebt (von S₁ in die neue Lage S₂). Die Angebotskurve muß schließlich bei S₂ angelangen, denn erst dann gibt es keine Zusatzprofite mehr, die neue Unternehmen anziehen könnten.

Abbildung 4.7

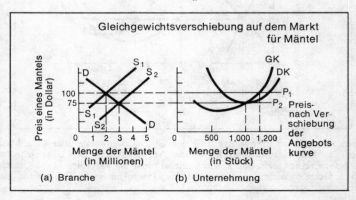

(a) Branche   (b) Unternehmung

Bei S_2 gibt es wegen des zusätzlichen Angebots neuer Produzenten keine Zusatzprofite mehr. Ein Unternehmen stellt bei dem niedrigeren Preis von $ 75 nur noch 1000 statt 1200 Mäntel her, denn jetzt sind bei dieser kleineren Menge Grenzkosten gleich Preis. Diese Menge maximiert den Profit des Unternehmens unter den neuen Bedingungen. Jetzt stimmen auch die *Durchschnitts*kosten mit dem Preis überein. Die Zusatzprofite sind durch den Preisrückgang von $ 100 auf $ 75 verschwunden, denn auch die Durchschnittskosten betragen jetzt $ 75.

Ohne Zusatzprofite fehlt der Anreiz für neue Unternehmen, in die Branche einzudringen. Die Unternehmen der Branche machen den durchschnittlichen oder normalen Profit. Es gibt auch keinen Grund, die Branche zu verlassen, denn der Profit ist in anderen Branchen nicht größer. Die neue Angebotskurve führt zu einem Preis, der den langfristigen Durchschnittskosten jedes Unternehmens entspricht. Die Branche hat jetzt ihr langfristiges Gleichgewicht gefunden. Die Anzahl der Unternehmen bleibt konstant.

Das langfristige Unternehmens- und Branchengleichgewicht ist erreicht, wenn folgende Bedingung für jedes Unternehmen erfüllt ist:

$$\text{Preis} = \text{Grenzkosten} = \text{Durchschnittskosten}$$

Bei Preis gleich Grenzkosten maximiert das Unternehmen seinen Profit und befindet sich daher im Gleichgewicht. Ist der Preis auch gleich den Durchschnittskosten, so haben die Unternehmen keinen Anlaß, in die Branche einzudringen oder sie zu verlassen. Die Durchschnittskosten umfassen jetzt gerade den durchschnittlichen Profit.

Bedeutung des Konkurrenzmodells

Man wird sich vermutlich fragen, in welchen Branchen einer modernen Volkswirtschaft noch vollkommene Konkurrenz herrscht. Von vielen tausend Branchen ähneln in den USA vielleicht ein oder zwei unserem Modell.

Die Landwirtschaft könnte vielleicht das beste Beispiel für eine Branche mit vollkommener Konkurrenz sein. Weizenbauern stellen seit eh und je ein homogenes Produkt her, und keiner produziert so viel, daß er den Preis merklich beeinflussen könnte. Ob ein Landwirt seine ganze Ernte oder nichts anbietet – am Preis wird er dadurch wohl nichts ändern können.

Der Agrarmarkt hat sich aber in den letzten Jahrzehnten erheblich gewandelt. In Europa interveniert die EWG mit Subventionen auf dem Agrarmarkt, in den USA die Regierung mit Subventionen und Anbaukontrollen. Staatliche Stellen kaufen in der EWG jede Menge bestimmter Agrarprodukte zu (subventionierten) Mindestpreisen an. Die meisten landwirtschaftlichen Erzeugnisse unterliegen dieser sog. *Marktordnung* (Rindfleisch, Weizen, Butter usw.). Die Landwirtschaft in den USA ist immer mehr unter den Einfluß riesiger Nahrungsmittelkonzerne geraten, die nichts mehr mit den kleinen, ohnmächtigen Firmen der Theorie gemeinsam haben. Die gleiche Entwicklung macht sich auch in Europa langsam bemerkbar. Obwohl die Marktordnung auf die Erhaltung alter Strukturen hinausläuft, entstehen auch hier regelrechte Agrarfabriken. Das Modell der vollkommenen Konkurrenz kann sicher auch nicht mehr den Agrarmarkt zutreffend beschreiben.

Gibt es überhaupt noch Branchen mit vollkommener Konkurrenz? Vielleicht haben noch ein oder zwei Industriezweige in einer modernen Volkswirtschaft (z. B. Textilindustrie in Westdeutschland und Teile des Bergbaus in den USA) so viel Ähnlichkeit mit dem Modell, daß man mit ihm wirtschaftliche Vorgänge erklären kann.

Wenn nur sehr, sehr wenige Branchen etwas mit dem Modell gemeinsam haben, was kann dann eine solche Analyse über eine moderne Volkswirtschaft in den siebziger Jahren aussagen? Die Beliebtheit des Konkurrenzmodells sagt jedenfalls mehr aus über die Denkweisen vieler Ökonomen als über die tatsächlichen Zusammenhänge in der Volkswirtschaft.

Die neoklassischen Ökonomen stützen mit dem Konkurrenzmodell ihre Behauptung, daß ein völlig sich selbst überlassenes kapitalistisches Wirtschaftssystem zu einer leistungsgerechten Verteilung und zu einer »optimalen« Produktion führt (d. h., an den Bedürfnissen der Konsumenten gemessen, wird von nichts zuviel oder zuwenig produziert). Im Gleichgewicht stellt jedes Unternehmen bei vollkommener Konkurrenz seine Produktion mit den geringstmöglichen Kosten, d. h. mit höchster Wirtschaftlichkeit, her. Es erwirtschaftet nur den Durchschnittsprofit, Zusatzprofite existieren nicht. Konsumenten können die Waren zu den niedrigsten Preisen beziehen, die überhaupt möglich sind. Ebenso behauptet die Theorie, jeder Faktor würde mit seinem Grenzprodukt entlohnt, d. h. mit seinem Beitrag zur Produktion; sie sagt aber nichts über die herrschende ungleiche Verteilung des Eigentums an Produktionsmitteln.

Das Ideal der neoklassischen Ökonomen, der Anhänger des *Laissez-faire*, der unentwegten Marktwirtschaftler ist also eine schöne, geordnete und heile Welt. Angesichts der tatsächlichen Verhältnisse in modernen Volkswirtschaften kann man wohl besser von einer Traumwelt sprechen.

Einige neoklassische Ökonomen haben zwar eingesehen, wie weit

sich die Wirklichkeit von ihrem Ideal entfernt hat[5]. Die meisten bestehen jedoch darauf, daß die Realität dem Modell nicht allzusehr wider-
spricht. Mit der neoklassischen Theorie versucht man im allgemeinen zu
»zeigen«, daß eine kapitalistische Marktwirtschaft die beste und
gerechteste aller Welten ist. Das Konkurrenzmodell ist von entscheidender Bedeutung für das Verständnis der konservativen, kapitalismus-
freundlichen Ideologie. (Das Konkurrenzmodell enthält in seiner ein-
fachsten Form die analytischen Instrumente, mit denen man realisti-
schere Fälle untersuchen kann.)

Nachfrage und Umsatz im Monopol

Ein *Monopol* liegt vor, wenn eine Branche nur aus einer einzigen Unternehmung besteht. Dieses Unternehmen verkauft ein Produkt, für
das es keinen unmittelbaren Ersatz gibt (es fehlen *Substitutionsgüter*).
Der Monopolist errichtet Eintrittsbarrieren und hindert so mögliche
Konkurrenten daran, in seine Branche einzudringen.

Die Nachfragekurve fällt bei vollkommener Konkurrenz für die
Branche als Ganzes nach rechts unten ab. (Die Absatzmenge steigt nur
bei einer Preissenkung.) Dagegen ist die Nachfragekurve für die Einzelunternehmung bei vollkommener Konkurrenz eine waagerechte, gerade Linie. (Die Produktionskapazität eines Einzelunternehmens ist so
klein, daß es zum Marktpreis jede beliebige Menge absetzen kann.) Der
Monopolist ist als einziger Anbieter eines Guts definiert; *er ist die
Branche*. Er sieht sich deshalb *genau der Nachfragekurve gegenüber,
der sich eine Konkurrenzbranche als Ganzes gegenübersieht*: Die Nachfragekurve des Monopolisten verläuft nach rechts unten. Man sieht, ein
Monopolist hat – anders als der Einzelanbieter bei vollkommener Konkurrenz – *die Wahl*, zu einem niedrigeren Preis mehr oder zu einem
höheren Preis weniger zu verkaufen. Er nimmt den Preis nicht hin,
sondern *setzt ihn fest*.

Die Nachfragekurve ordnet jeder Angebotsmenge des Monopolisten
den erzielbaren Preis zu. Der Preis ist der Erlös einer Verkaufseinheit;
man nennt die Nachfragekurve des Monopolisten daher *Durchschnittserlöskurve*. Sie ordnet jeder Verkaufsmenge den durchschnittlichen Erlös eines Stücks, d. h. seinen Preis, zu.

Abbildung 4.8 zeigt die Nachfragekurve eines monopolisierten Guts,
z. B. Aluminium. [Die Aluminum Company of America (ALCOA)
hatte viele Jahre das absolute Monopol für Aluminium.] Wir können

[5] Vgl. z. B. das Kapitel über Henry C. Simons, in: W. Breit und R. L. Ran-
som, The Academic Scribblers, New York 1971, S. 205–222.

Abbildung 4.8

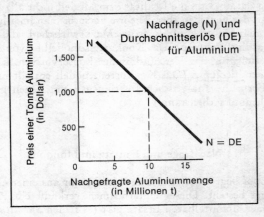

diese Kurve Nachfrage- *oder* Durchschnittserlöskurve nennen (in Abbildung 4.8 wird diese Doppelbedeutung hervorgehoben). Bei einem Preis von $ 1000 je Tonne fragen die Verbraucher 10 Millionen Tonnen nach; anders ausgedrückt, der Monopolist kann höchstens einen Preis von $ 1000 je t verlangen, wenn er 10 Millionen Tonnen verkaufen will.

Wir nehmen an, ALCOA hätte das absolute Monopol für Aluminium. Senkt ALCOA den Preis (= Durchschnittserlös), um die Absatzmenge zu erhöhen, so wirken zwei Effekte auf den Gesamterlös (= Umsatz): der *Mengeneffekt* und der *Preiseffekt*. ALCOA kann nur zu einem *niedrigeren* Preis mehr absetzen; der *Preiseffekt* ist das Produkt aus Preisrückgang und (alter) Verkaufsmenge [denn auf diesen Teil des Gesamtumsatzes (Gesamterlöses) verzichtet ALCOA, um den Absatz zu steigern]. Bei einer Preissenkung erhöht sich aber die Verkaufsmenge; der *Mengeneffekt* bezeichnet das Produkt aus Mengenerhöhung und neuem Preis. Bei einer Preissenkung wirkt der Preiseffekt auf eine Verringerung des Gesamterlöses hin, der Mengeneffekt auf eine Steigerung. Je nachdem, ob der Mengeneffekt oder der Preiseffekt überwiegt, vergrößert oder verkleinert sich der Gesamterlös (Menge × Preis).

Wie verändert sich nun der Gesamterlös von ALCOA beim Absatz einer *zusätzlichen* Tonne Aluminium? Die fragliche Größe nennt man *Grenzerlös*; er gibt an, um wieviel sich der Gesamterlös verändert, wenn man den Absatz um eine Einheit steigert. (Im Beispiel also die Veränderung des Gesamterlöses von ALCOA, die durch den Absatz einer zusätzlichen Tonne Aluminium entsteht.) Wir erhalten folgenden Ausdruck:

$$\text{Grenzerlös} = \frac{\text{Veränderung des Gesamterlöses} \, (= \text{Umsatz})}{\text{Veränderung der Absatzmenge}}$$

In Abbildung 4.9 sind die Grenz- und Durchschnittserlöskurve für Aluminium dargestellt.

Der Grenzerlös ist in der Abbildung *immer* kleiner als der Durchschnittserlös. Der Durchschnittserlös muß deshalb sinken. Das ähnelt wieder dem Fall, daß eine Person einer Testserie unterworfen wird (vgl. S. 72). Das Durchschnittsergebnis kann nur dann von Test zu Test sinken, wenn das Ergebnis jedes weiteren Tests (oder: das Grenzergebnis) unter dem Durchschnitt liegt.

Für den Durchschnittserlös gilt etwas Ähnliches: Sinkt er, so muß der Grenzerlös unter ihm liegen, denn sonst könnte der Durchschnittswert nicht immer weiter abnehmen.

Bei einem Absatz von 10 Millionen Tonnen ist der Grenzerlös Null, d. h. der Gesamterlös kann bei der gegebenen Nachfragekurve nicht weiter gesteigert werden. Der Mengeneffekt entspricht genau dem Preiseffekt.

Abbildung 4.9

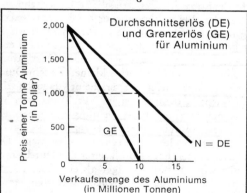

Bei kleineren Mengen überwiegt der Mengeneffekt (unter 10 Millionen Tonnen). Der Grenzerlös ist dann größer als Null. Steigt der Absatz, so wird der Preiseffekt wichtiger und der Mengeneffekt unwichtiger; bei 10 Millionen Tonnen sind sie gleich groß. Bei größeren Mengen (über 10 Millionen Tonnen) überwiegt der Preiseffekt; der Grenzerlös ist daher negativ. Man kann daraus schließen, daß der Monopolist immer weniger als 10 Millionen Tonnen anbieten wird, denn er kann seinen Erlös nicht steigern, wenn er die Menge über 10 Millionen Tonnen vergrößert. (Der Grenzerlös ist an diesem Punkt Null.)

Bei einer noch größeren Menge würde sogar sein Gesamterlös sinken, denn bei Mengen über 10 Millionen Tonnen ist der Grenzerlös negativ.

Monopolgleichgewicht

Wir müssen Kosten- und Erlöskurven zusammen betrachten, wenn wir erfahren wollen, welche Menge ein Monopolist im Gleichgewicht zu welchem Preis verkauft. Wie wir wissen, verläuft die Durchschnittserlöskurve nach rechts unten, und die Grenzerlöskurve verläuft unter ihr mit einer steileren Steigung (siehe Abbildung 4.10). Der Monopolist maximiert seinen Profit, wenn er die Menge anbietet, bei der seine *Grenzkosten gleich dem Grenzerlös* sind (6 Millionen Tonnen). Der Grund dafür ist klar: Bei kleineren Mengen erhöht eine weitere Tonne Aluminium stärker den Erlös als die Kosten. Bei größeren Mengen erhöht eine zusätzliche Tonne Aluminium stärker die Kosten als den Erlös. Die Profitmaximierungsregel des Monopolisten unterscheidet sich von der Profitmaximierungsregel für Unternehmen bei vollkommener Konkurrenz. Bei vollkommener Konkurrenz maximiert die Unternehmung ihren Profit, wenn die Grenzkosten gleich Preis sind. Der Monopolist kontrolliert aber den ganzen Markt, und er sieht sich deshalb einer *sinkenden* Nachfragekurve (oder Durchschnittserlöskurve) gegenüber. Daher ist sein Grenzerlös kleiner als sein Durchschnittserlös. Einer Konkurrenzunternehmung erscheint dagegen die Nachfragekurve völlig elastisch, denn sie ist im Verhältnis zum Markt so klein, daß ihre Aktionen nicht den Preis beeinflussen können. Deshalb stimmt ihr Durchschnittserlös mit ihrem Grenzerlös überein (d. h. sie kann mehr verkaufen, ohne den Preis senken zu müssen). Die Grenzerlöskurve des Monopolisten liegt jedoch *unter* der Durchschnittserlöskurve; ein Monopolist wird deshalb weniger als eine Konkurrenzbranche auf dem Markt anbieten (vorausgesetzt, Kostenkurven der Gesamtbranche und Nachfragekurve stimmen mit den entsprechenden Kurven des Monopolisten überein). Die allgemeinere Regel für die Profitmaximierung lautet auch Grenzkosten gleich Grenzerlös.

Die Durchschnittserlöskurve in Abbildung 4.10 zeigt, daß 6 Millionen Tonnen höchstens zu einem Preis von $ 1500 je Tonne verkauft werden können. Die schraffierte Fläche gibt den Zusatzprofit an, den der Monopolist bei diesem Preis erzielt. Anders als für Konkurrenzunternehmen sind Zusatzprofite der Regelfall für Monopole. Es gibt keinen Grund, warum diese Profite kurz- oder langfristig abgebaut

Abbildung 4.10

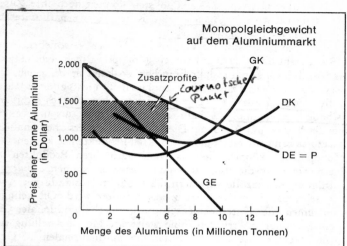

werden sollten. (Ausgenommen Veränderungen der allgemeinen Wirtschaftslage, z. B. Konjunkturschwankungen [siehe dazu Band 2].)

Ein Monopolist setzt nicht nur höhere Preise fest und macht so Zusatzprofite, sondern er produziert auch fast nie mit höchster Wirtschaftlichkeit. In Abbildung 4.10 stellt er eine kleinere Menge als die her, bei der die Durchschnittskosten ihr Minimum erreichen. Er ist nämlich nicht daran interessiert, möglichst wirtschaftlich zu produzieren, sondern möglichst hohe Profite zu machen. Wollte er die Menge herstellen, die mit den geringsten Stückkosten erzeugt werden kann, so müßte er den Preis senken. Das würde aber seinen Profit schmälern. Jetzt ist deutlich, warum man Monopolen immer vorwirft, sie würden ihr Angebot verringern, um ihre Zusatzprofite zu steigern. Ebenso deutlich ist, warum sich die Unternehmer von Anfang an im Kapitalismus um Monopolstellungen bemüht haben.

Erweiterungen der Monopolanalyse

Bei der Untersuchung des Monopolgleichgewichts sind wir von einer gegebenen Erlös- und Kostenkurve ausgegangen; der Monopolist maximiert seinen Profit unter der Nebenbedingung, daß Erlös- und Kostenkurven nicht von ihm beeinflußt werden können. Wenn er Grenzkosten gleich Grenzerlös setzt, so zeigt das aber nur eine Seite des unentwegten Profitstrebens. Monopolisten können auch ihre Zusatzprofite steigern, wenn es ihnen gelingt, Kostenkurven nach unten und Erlöskurven nach oben zu verschieben.

Erlöskurven lassen sich auf verschiedene Weisen verschieben. An erster Stelle steht die Werbung; kann ein Monopolist mehr Konsumenten einreden, daß sie sein Produkt brauchen, so kann er bei jedem Preis eine größere Menge als zuvor absetzen. Das heißt nichts anderes, als daß sich die Nachfragekurve (= Durchschnittserlöskurve) nach rechts oben verschoben haben muß. Deshalb überschüttet man uns im wahrsten Sinne des Wortes mit Werbung. Die Unternehmer versuchen unablässig uns dazu zu bringen, immer mehr von ihren Produkten zu kaufen.

Monopolisten können die Nachfrage nach ihren Produkten auch steigern, wenn sie die Regierung dazu bewegen können, *Schutzzölle* einzuführen. Schutzzölle verteuern die Produkte ausländischer Anbieter so sehr, daß ihre Konkurrenz ausgeschaltet wird. Oft gelingt es Unternehmen oder Unternehmensgruppen, innerhalb nationaler Grenzen ein Monopol zu errichten. Eine weltweite Monopolstellung erreichen sie aber nur selten (doch arbeiten die multinationalen US-Unternehmen zielstrebig in dieser Richtung).

Die Nachfrage nach dem Produkt eines Monopolisten verringert sich, wenn die Konsumenten ein ausländisches Erzeugnis kaufen, das den gleichen Zweck wie sein Produkt erfüllt. Mit Schutzzöllen kann sich ein Monopolist die ausländische Konkurrenz vom Leibe halten. Die Nachfrage nach seinem Produkt wird steigen, denn die Konsumenten sind auf ihn angewiesen. Seit Jahrhunderten versuchen Unternehmer – im allgemeinen recht erfolgreich – Regierungen für den Aufbau und die Erhaltung ihrer Monopole einzuspannen. Solche Zölle steigern den Umsatz eines Monopols auf Kosten der Konsumenten, denen nichts anderes übrigbleibt, als höhere Preise für »schutzbedürftige Produkte« zu zahlen. Im Ergebnis gleichen Schutzzölle einer Besteuerung der Konsumenten, bei der die Steuererträge zum Teil in die Zusatzprofite der Monopolisten fließen.

Viele Großunternehmen liefern in großem Umfang (vor allem Rüstungsgüter) an die Regierung und steigern so die Nachfrage nach ihren Erzeugnissen. Die öffentlichen Aufträge machen bei vielen US-Großunternehmen zwischen 5 % und 100 % ihres Gesamtumsatzes aus.

Ebenso gibt es viele Möglichkeiten, die Kostenkurven nach unten zu verschieben. Die Großunternehmen können auf eine Gesetzgebung hinwirken, die die Stellung der Gewerkschaften schwächt; der Taft-Hartley-Act aus dem Jahre 1947 ist ein Beispiel dafür[6]. Sie können »ver-

---

[6] Ursprünglich war in den USA jede gewerkschaftliche Betätigung unter Strafe gestellt, was nach und nach (seit 1870) liberalisiert wurde. Mit der

ständnisvolle Mitarbeiter« aus ihren Unternehmen dabei unterstützen, in der Gewerkschaft eine Führungsposition zu erhalten. Bei den »verständnisvollen Mitarbeitern« handelt es sich um solche Leute, die bei Tarifverhandlungen nicht die herrschende Einkommensverteilung durch starke Lohnforderungen gefährden. Großunternehmen können sich auch dafür einsetzen, daß unternehmerfreundliche »Persönlichkeiten des öffentlichen Lebens« in die Ausschüsse zur Lohn- und Preiskontrolle berufen werden. (1971 führte Nixon in den USA Lohn- und Preiskontrollen ein.) Großunternehmen können mit derartigen Maßnahmen ihre Lohnkosten auf einem Minimum halten.

Monopole versuchen auch, eine *Monopsonstellung* zu erlangen. Mit *Monopson* bezeichnet man ein Unternehmen, das der *alleinige Nachfrager* eines Gutes ist (z. B. Rohstoffe oder Zwischenprodukte). Ein Monopsonist braucht nur einen niedrigen Preis für die von ihm nachgefragten Güter zu bieten; der Anbieter muß diesen Preis hinnehmen oder er kann nichts verkaufen. Ein Monopsonist kann seine Materialkosten senken; daher wird die monopsonistische Nachfragermacht genauso wie die monopolistische Anbietermacht angestrebt.

Großunternehmen verfügen aufgrund ihrer wirtschaftlichen Macht auch über gewaltigen politischen Einfluß, den sie noch auf andere Weise zur Kostensenkung verwenden können. Besonders bei Rüstungsaufträgen gestattet die US-Regierung häufig den Unternehmen, *kostenlos* staatseigene Produktionsanlagen zu benutzen. Wenn die Regierung aber die Nutzung den Unternehmen in Rechnung stellt, so bekommen sie im allgemeinen mehr als die Kosten zurück. Nach den Verträgen, die sie mit der Regierung schließen, dürfen die Unternehmen außer ihren Selbstkosten noch einen *Gewinnzuschlag* berechnen, d. h. einen gewissen Prozentsatz ihrer Kosten, zu denen auch das Entgelt für die Benutzung staatseigener Produktionsanlagen zählt. Mit anderen Worten: Im Grunde genommen *bezahlt* die Regierung die Unternehmen dafür, daß sie ihre eigenen Anlagen verwendet. Ein solcher Fall wird im Bericht eines Ausschusses des US-Senats über wachsende Profite in der militärischen Raketenproduktion dargestellt:

Western Electric stellte einen großen Teil der Nike-Raketen in zwei überflüssigen Fabriken der Regierung her; gewöhnlich hätte man sie bei einem Staatsauftrag kostenlos zur Verfügung gestellt. Western Electric wollte sie aber nicht kostenlos benutzen, sondern mietete sie von der Regierung. Die Miete rechnete Western Elec-

Liberalisierung gerieten die Gewerkschaften auch unter stärkere staatliche Kontrolle (Wahlergebnisse müssen z. B. von der Regierung bestätigt werden – Wagner-Act von 1935). Im Taft-Hartley-Act wurden auch gewerkschaftliche Aktionen unter Staatsaufsicht gestellt. Vgl. R. C. Bernhard, Wettbewerb, Monopole und öffentliches Interesse, Stuttgart 1963, S. 128 ff. (H. S.).

tric zu ihren Selbstkosten dazu und berechnete dann der Regierung für diese Kosten einen Gewinnzuschlag. Insgesamt zahlte Western Electric für die gemieteten Fabriken der Regierung über $ 3 000 000. Da diese Miete jedoch zu den Kosten gerechnet wird, ergaben sich für das Unternehmen zusätzliche Nettoprofite von $ 209 000. In einem solchen Fall hatte Western Electric nicht viel dagegen einzuwenden, als die Regierung die Miete erhöhen wollte; denn wenn die Miete steigt, steigt auch der Profit von Western Electric, denn der Eigentümer zahlte die gesamte Miete und noch einen Profit dazu an den Mieter zurück[7].

Das sind nur einige von vielen Möglichkeiten, wie die großen Monopole mit ihrer wirtschaftlichen und politischen Macht ihre Profite maximieren können.

Wer ist Monopolist?

Die meisten Einführungstexte in die Ökonomie sehen die vollkommene Konkurrenz und das Monopol als die beiden Extremformen an, zwischen denen das breite Spektrum der tatsächlichen Branchenstrukturen liegt. Nach der dort (und auch hier) vertretenen Ansicht gibt es fast keine Branchen, in denen vollkommene Konkurrenz herrscht. Es wird aber auch versichert, die meisten Monopole seien örtlich begrenzt (z. B. der einzige Lebensmittelladen in einem Dorf oder der große, einzige Tiefbauunternehmer in einer Großstadt). Monopole, die eine ganze Volkswirtschaft beherrschen, seien so selten wie Branchen, die in der ganzen Volkswirtschaft vollkommener Konkurrenz unterliegen. Nach Ansicht dieser Lehrbücher sind Monopole hauptsächlich von theoretischem Interesse, da es sich um Extremfälle handele, die für die Volkswirtschaft insgesamt keine sonderliche Bedeutung besitzen.

Diese Ansicht halten wir für falsch, denn sie klammert sich an die Definition, nach der ein Monopol nur dann vorliegt, wenn es nur einen Anbieter gibt. Unter einem Einzelanbieter verstehen diese Texte eine einzelne Firma. Zugegebenermaßen gibt es nur sehr wenige Märkte, auf denen in der ganzen Volkswirtschaft nur ein einziges Unternehmen

[7] U.S. Senate, Government Operations Subcommittee, Pyramiding of Profits and Costs in the Missile Procurement Programs, Senate Report No. 970 (Washington, D. C.: U.S. Government Printing Office, 1964). – Sehr instruktiv für die Verhältnisse in der Bundesrepublik: Bundestagsdrucksache VI/2697, Ziff. 17–25 (Bericht des Bundesrechnungshofes über die Beschaffung der Starfighter-Kampfflugzeuge für die Bundeswehr unter Strauß [H. S.]).

als Anbieter auftritt. Die meisten wichtigen Märkte werden von ein paar Anbietern beherrscht, d. h. die meisten Märkte sind oligopolistisch. Wir werden aber in Kapitel 5 sehen, daß sich die meisten Oligopole (ein paar Unternehmen) trotz einiger grundlegender Unterschiede zum Monopol (ein Unternehmen) so verhalten, *als wären sie Monopolisten.* Unserer Ansicht nach kann man die Ergebnisse der Monopoltheorie im allgemeinen auch auf Oligopole übertragen, z. B. wenn nach Preisen und Angebotsmenge gefragt wird. Auch Oligopolisten verschieben Erlös- und Kostenkurven. Wenn wir auch die Branchen, deren Mitglieder sich wie ein Alleinanbieter verhalten, als Monopole bezeichnen können, so ist die Mehrzahl der wichtigen Märkte in einer modernen Volkswirtschaft monopolisiert.

Natürliche Monopole und Staatsaufsicht

Es gibt einige Branchen, die man *natürliche Monopole* nennt. Aufgrund der technischen Gegebenheiten sind die Kostenkurven dieser Branchen so beschaffen, daß ein Unternehmen erst bei einer sehr großen Menge das Minimum der Durchschnittskosten erreicht. Im allgemeinen kann ein Unternehmen sogar den ganzen Markt mit dem betreffenden Gut versorgen, bevor es das Minimum der Durchschnittskosten erreicht hat. Wenn sich zwei Firmen den Markt teilen würden, so würde jede von ihnen eine so geringe Menge produzieren, daß ihre Durchschnittskosten weit höher wären, als wenn ein einzelnes Unternehmen den ganzen Markt beliefern würde. Unter solchen Umständen führt ein freier Markt immer dazu, daß ein Unternehmen eine Monopolstellung erlangt.

Bekannteste Beispiele für solche natürlichen Monopole sind öffentliche Versorgungseinrichtungen (wie Energie- und Telefongesellschaften). Diese Unternehmen bieten Güter an, die für die meisten Einzelpersonen und Unternehmen unerläßlich sind. Solche natürlichen Monopole unterliegen daher meistens einer Staatsaufsicht, die den Unternehmen bestimmte Höchstpreise vorschreibt. (Diese Aufsichtsstellen stehen aber oft unter der Kontrolle der Monopole; der Höchstpreis ist dann im allgemeinen so hoch angesetzt, daß erhebliche Zusatzprofite erwirtschaftet werden können.)

Die Zusatzprofite der Monopolisten können durch die Staatsaufsicht beschnitten werden, indem sie die Preise heruntersetzt und/oder die Angebotsmenge erhöht. Wenn die Regierung dem öffentlichen Interesse dienen will und es dennoch dem Monopolisten ermöglichen will, eine profitmaximierende Menge anzubieten, so wird sie im allgemeinen versuchen, den Preis in der Höhe festzusetzen, bei der die Grenzkosten des Monopolisten gleich seinem Durchschnittserlös sind. Die Auswirkungen einer solchen Höchstpreisverordnung stellt Abbildung 4.11 dar.

Abbildung 4.11

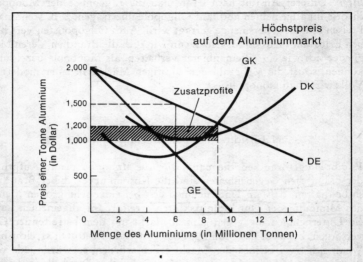

Für Mengen, bei denen die Preisobergrenze unter der Durchschnittserlöskurve (oder Nachfragekurve) des Unternehmens verläuft, ist der Höchstpreis gleichzeitig *Durchschnitts-* und *Grenzerlöskurve*. (Aus ähnlichen Gründen fallen bei einer Konkurrenzunternehmung Durchschnittserlöskurve und Grenzerlöskurve zusammen, denn der Preis ist auch für sie vorgegeben, und sie kann ihn nicht beeinflussen.) Ein Monopolist kann zu diesem (Höchst-)Preis nicht jede beliebige Menge absetzen: Bei Mengen rechts des Schnittpunkts von Durchschnittserlöskurve (oder Nachfragekurve) und Höchstpreislinie sinkt die Nachfragekurve *unter* die Höchstpreislinie. Er kann jetzt nur noch den Preis erzielen, den die Nachfragekurve für diese größeren Mengen angibt. In Abbildung 4.11 ist der Höchstpreis nur bis zu einer Menge von 7 Millionen Tonnen gleichzeitig Durchschnitts- und Grenzerlöskurve. Bei größeren Mengen stößt die Unternehmung wieder auf ihre ursprünglichen Erlöskurven. Ohne Staatsaufsicht würde ALCOA 6 Millionen Tonnen zum Preis von $ 1500 je t anbieten. Der Höchstpreis, den ALCOA nicht überschreiten darf, liegt aber bei $ 1200. Bei diesem Preis stimmen Grenzkosten und Durchschnittserlös überein (wie bei einem Konkurrenzunternehmen.) Bis zu einer Produktionsmenge von

9 Millionen Tonnen Aluminium betrachtet ALCOA die Höchstpreislinie als Grenz- und Durchschnittserlöskurve. Bei dieser Menge wird der Profit maximiert, denn bei ihr ist der Grenzerlös (Preisobergrenze) gleich Grenzkosten (und gleich Durchschnittserlös). Bei einer Preisobergrenze verkauft ein Monopolist *mehr* zu einem *niedrigeren* Preis als ohne Preisobergrenze.

Die Öffentlichkeit (und viele andere Unternehmen) ist nach der Einführung eines Höchstpreises zwar besser als zuvor gestellt, doch erzielt der Monopolist nach wie vor erhebliche Zusatzprofite (denn die Durchschnittskosten sind noch geringer als der Durchschnittserlös – vgl. Abbildung 4.11). Solange aber ein Monopolist die Menge anbieten kann, die *er* für richtig hält, gibt es meistens weder ein Marktgleichgewicht noch Vorteile für die Verbraucher. Bei einem tieferen Höchstpreis würde das Unternehmen z. B. weniger anbieten, als zu diesem Preis nachgefragt wird (Nachfrageüberschuß, d. h. Marktungleichgewicht), und bei einer höheren Preisobergrenze als im Beispiel käme der Monopolist nur näher an seine alten Zusatzprofite heran – auf Kosten der Allgemeinheit. Dieser Fall ist gar nicht so selten, denn häufig kontrollieren die Monopole die Stellen, die sie beaufsichtigen sollen.

Zusammenfassung

In diesem Kapitel haben wir vier Marktformen (oder Marktstrukturen) unterschieden: vollkommene Konkurrenz, monopolistische Konkurrenz, Oligopole und Monopole. Vollkommene Konkurrenz und Monopol wurden eingehend untersucht. Es gibt kaum noch eine Branche, in der vollkommene Konkurrenz herrscht. Wir haben dieses Modell dennoch ausführlich dargestellt, weil es Ausgangspunkt der klassisch-liberalen Wirtschaftspolitik ist, die eine Laissez-faire-Politik propagiert. Manchmal bewertet man Verhalten und Leistungen einzelner Branchen an Hand des Konkurrenzmodells, denn bei vollkommener Konkurrenz produzieren die Unternehmen zu niedrigstmöglichen Kosten und erzielen keine Zusatzprofite.

Monopolisten stellen ihre Produktion fast nie mit den geringsten Kosten her, sondern verschwenden meistens Produktionsfaktoren (ihre Durchschnittskosten sind höher als bei vollkommener Konkurrenz im langfristigen Gleichgewicht). Sie erzielen gewöhnlich Zusatzprofite, da sie den Preis kontrollieren. Selbst wenn die Regierung versuchen würde, die Ausbeutung der Allgemeinheit durch eine staatliche Beaufsichtigung der Monopole zu verringern, so würden die Monopole vermutlich dennoch weiterhin Zusatzprofite machen.

5. Monopolistische Konkurrenz und Oligopol

Heute gibt es in den USA etwa 12 Millionen Unternehmen, von denen fast 14 % Kapitalgesellschaften (Unternehmen mit eigener Rechtspersönlichkeit) sind. Gut 99 % der nicht-landwirtschaftlichen Unternehmen (die Landwirtschaft ist ein Wirtschaftszweig, den man keiner Branchenstruktur zweifelsfrei zuordnen kann) unterliegen der monopolistischen Konkurrenz. Die monopolistische Konkurrenz ist also die wichtigste Branchenstruktur, wenn man nach der Anzahl der Unternehmen geht.

Diese Unternehmen sind aber meistens kleinere Firmen (Handels- oder Dienstleistungsbetriebe, wie Einzelhandelsgeschäfte, Friseurläden usw.). Die wichtigen Branchen der Volkswirtschaft (Bergbau, Landwirtschaft, Banken, verarbeitende Industrie) sind in einem ganz besonderen Sinn die Schlüsselindustrien der US-Wirtschaft: Wer diese Branchen beherrscht, kontrolliert praktisch die gesamte Wirtschaft. Diese Schlüsselindustrien stehen fast immer unter der Kontrolle riesiger Oligopole. In dieser Hinsicht ist das Oligopol die wichtigste Branchenstruktur. Von den ca. 180 000 Kapitalgesellschaften der verarbeitenden Industrie besitzen allein die hundert größten (das sind lediglich 0,004 %) 58 % des gesamten Eigenkapitals der Branche[1].

Millionen ökonomisch machtloser kleiner und kleinster Unternehmen machen die Masse der amerikanischen Betriebe aus. Sie nehmen sich aber neben einigen hundert gewaltigen Oligopolunternehmen, die über riesige wirtschaftliche Macht verfügen, wie Zwerge aus.

Gleichgewicht bei monopolistischer Konkurrenz

Monopolistische Konkurrenz herrscht in Branchen, die aus einer Vielzahl kleiner Unternehmen bestehen; die Branche stellt ein Produkt her, das aber von jedem Unternehmen geringfügig differenziert wird. Mit

---

[1] Zum Vergleich: In der Bundesrepublik Deutschland fielen nach den Ergebnissen der Arbeitsstättenzählung von 1961 88,6 % der Unternehmen in die Größenklasse »1–9 Beschäftigte«; 0,0 % der Unternehmer gehörten der Größenklasse »mehr als 1000 Beschäftigte« an. Diese 88,6 % der Unternehmen hatten nur 25,7 % aller Beschäftigten, während die 0,0 % der Unternehmen 15,9 % der Beschäftigten hatten. (Die 0,0 % kommen daher, daß von den 2,5 Millionen Arbeitsstätten nur rd. 1400 mehr als 1000 Beschäftigte hatten.) Zahlen nach: A. Blind, Bevölkerungs- und Wirtschaftsstatistik, Frankfurt 1969/1970, S. 170 (H. S.).

dieser Produktdifferenzierung schaffen sich die Unternehmen einen gewissen Kundenstamm. Die Produktdifferenzierung besteht vielleicht nur im Standort des Unternehmens, in seinem Kundendienst oder in der Verpackung. Erhöht das Unternehmen seinen Preis, so wird es einen Teil seiner Kunden an die Konkurrenten verlieren, aber viele Kunden bleiben ihm trotz der Preiserhöhung treu. Es steht also einer nach rechts unten geneigten Nachfragekurve gegenüber. Mit einer Preissenkung kann ein Unternehmen ebenso nur *einen Teil* der Kunden seiner Konkurrenten auf sich ziehen.

Bei monopolistischer Konkurrenz maximiert ein Unternehmen seinen Profit, wenn es Grenzerlös gleich Grenzkosten setzt. Häufig kann es wie ein Monopolist Zusatzprofite machen, wenn sich sein Produkt erheblich von den Konkurrenzerzeugnissen unterscheidet und erst seit kurzem auf dem Markt ist. Diese Situation ist in Abbildung 5.1 dargestellt.

Für neue Unternehmen gibt es keine großen Hindernisse, in eine Branche mit monopolistischer Konkurrenz einzudringen. Sie sehen die Zusatzprofite und beginnen, ähnliche Produkte anzubieten. Damit ziehen sie die Nachfrage von der in Abbildung 5.1 (a) dargestellten Unternehmung auf sich. Die Durchschnittserlöskurve verschiebt sich deshalb nach links unten, bis sie gerade die Durchschnittskostenkurve *berührt* (aber nicht schneidet).

Abbildung 5.1

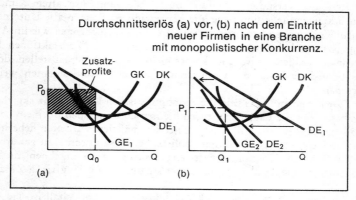

Durchschnittserlös (a) vor, (b) nach dem Eintritt neuer Firmen in eine Branche mit monopolistischer Konkurrenz.

Diese Situation sehen wir in Abbildung 5.1 (b). Die Durchschnittserlöskurve (= Nachfragekurve) berührt gerade die Durchschnittskostenkurve, schneidet sie aber nicht. Bei dieser Produktionsmenge stimmen Grenzkosten und Grenzerlös des Unternehmens überein; sie maximiert den Profit. Ebenso stimmen bei dieser Menge Durchschnittserlös und Durchschnittskosten überein[2]. Durch den Eintritt neuer Firmen in die Branche sind die Zusatzprofite verschwunden.

Dieses neue Unternehmensgleichgewicht liegt jedoch *immer über* dem Minimum der Durchschnittskosten. Da die Nachfragekurve nicht – wie bei vollkommener Konkurrenz – waagerecht verläuft, berührt sie in Abbildung 5.1 (b) die Durchschnittskostenkurve erst oberhalb des Minimums. Der Preis übersteigt zwar das Minimum der Durchschnittskosten, aber da er (Berührungspunkt) den Durchschnittskosten bei der Gleichgewichtsproduktionsmenge entspricht, entstehen keine Zusatzprofite. Ein Unternehmen produziert also bei monopolistischer Konkurrenz zu einem höheren Preis *weniger* als ein Unternehmen bei vollkommener Konkurrenz. Es verschwendet also Produktionsfaktoren, denn es stellt nie die Menge her, bei der die Stückkosten am niedrigsten sind. (Bei dieser Menge würde es am wirtschaftlichsten arbeiten.) *Nur* für den Fall vollkommener Konkurrenz läßt sich beweisen, daß ein privatwirtschaftliches System die Produktion mit höchster Wirtschaftlichkeit organisiert.

Will das Unternehmen die verlorengegangenen Zusatzprofite zurückgewinnen, so verspricht ihm nur ein Weg Aussicht auf Erfolg: Es muß die Öffentlichkeit davon überzeugen, daß sich sein Produkt grundlegend von dem der Konkurrenten unterscheidet. Es versucht das im allgemeinen mit der *Werbung* zu erreichen. Hat aber ein Unternehmen neue Kunden durch Werbung gewonnen, so wehren sich die Konkurrenten und versuchen ebenfalls durch Werbung ihre alten Kunden zurückzugewinnen und neue hinzuzugewinnen. Treiben alle Unternehmen Werbung, so produzieren sie oft die gleichen Mengen wie im Ausgangszustand, bevor das erste Unternehmen mit Werbeaktionen begonnen hat. Jetzt wird aber keines mehr die Werbung einstellen, denn es befürchtet Kunden zu verlieren, weil seine Konkurrenten weiter werben.

Wir haben jetzt das Bild der monopolistischen Konkurrenz skizziert; es beschreibt die Lage der meisten kleinen Unternehmen in einem kapitalistischen System. Millionen kleiner Geschäftsleute arbeiten fieberhaft, um sich ein kleines Stück monopolistischer Zusatzprofite zu erwerben. Millionen von Konkurrenten strengen sich genauso an, ihnen die Zusatzprofite wieder abzujagen; keiner schafft es, sich langfristig Zusatz-

---

[2] Der Leser könnte meinen, daß Abbildung 5.1 ein Spezialfall ist und daß dieses Ergebnis nur auf die gewählte Lage der Kurven zurückzuführen ist. Der allgemeine Beweis für die Gleichgewichtsbedingung bei monopolistischer Konkurrenz (Grenzerlös = Grenzkosten; Durchschnittserlös = Durchschnittskosten) erfordert Kenntnisse in der Differentialrechnung und bleibt Lehrbüchern für Fortgeschrittene überlassen.

profite zu erhalten. Jeder kämpft in dieser nimmer enden wollenden Auseinandersetzung gegen jeden, in der es keine Sieger geben kann. Millionen von Unternehmen produzieren fast nie die wirtschaftlichste, kostengünstigste Menge; Milliardensummen werden beim Verbreiten sinnloser und nervtötender Werbeparolen verschleudert.

Das Oligopol

Ein *Oligopol* liegt vor, wenn eine kleine Anzahl Unternehmen eine Branche beherrscht. Im Gegensatz zu allen anderen, bisher betrachteten Branchenstrukturen hat ein oligopolistisches Unternehmen *keine* klare, eindeutig definierte Nachfragekurve. Der Absatz eines Oligopolisten hängt weitgehend davon ab, welche Entscheidungen die anderen Oligopolisten treffen. Ebenso hängen die Absatzmengen seiner Konkurrenten von seiner Geschäftspolitik ab. Will er z. B. seinen Preis ändern, so muß er mit Reaktionen seiner Rivalen rechnen, denn sie bekommen eine Änderung seiner Geschäftspolitik unmittelbar zu spüren. Haben sich die Marktanteile durch die Preisänderung des ersten Oligopolisten verschoben, so werden sie sich nach den Reaktionen der übrigen Oligopolisten wieder verschieben. Ein Oligopolist muß bereit sein, auf unerwartete, völlig überraschende Entscheidungen seiner Konkurrenten reagieren zu können. Das entscheidende Merkmal einer oligopolistischen Branche ist die *enge wechselseitige Abhängigkeit* der Oligopolisten.

Wie reagieren die übrigen Oligopolisten auf die Preisänderung eines einzelnen Oligopolisten? Wir unterscheiden zwischen der Reaktion auf eine Preiserhöhung und der Reaktion auf eine Preissenkung. Erhöht ein Oligopolist seinen Preis, so wird er dadurch viele Kunden an seine Konkurrenten verlieren, die ein sehr ähnliches Produkt anbieten. Eine *Preiserhöhung* ruft also vermutlich gar *keine Reaktionen* bei den anderen Oligopolisten hervor; sie sind froh, neue Kunden zu gewinnen.

Mit einer *Preissenkung* zieht ein Unternehmen jedoch die Kunden seiner Rivalen an sich. Die anderen Oligopolisten werden nicht tatenlos zusehen, wie sie ihre Kunden verlieren: Sie werden *Vergeltungsmaßnahmen* ergreifen und ebenfalls die Preise senken. Diese Preissenkungen heben sich aber nicht gegenseitig auf, so daß letzten Endes jedes Unternehmen genauso viel wie vor den Preissenkungen verkauft. Wenn *alle* Oligopolisten die Preise senken, erhöht sich die Nachfrage für die Branche als Ganzes, denn sie gewinnt neue Kunden dazu, und alte Kunden fragen bei kleineren Preisen mehr nach.

Abbildung 5.2 zeigt die *zwei* Nachfragekurven eines Oligopolisten. (Es handelt sich um die Firma Ford mit unserem alten Bekannten, dem Pinto.) Die Nachfragekurve N_1N_1 gilt unter der Annahme, daß die übrigen Oligopolisten auf eine Preisänderung von Ford nicht reagieren. Die Nachfragekurve N_2N_2 gilt dagegen, wenn die Konkurrenten Fords Preisänderungen in gleichem Umfang mitmachen. Zu N_1N_1 gehört die Grenzerlöskurve GE_1, zu N_2N_2 GE_2. Die beiden Nachfragekurven (N_1N_1 und N_2N_2) schneiden sich bei der Preis-Mengen-Kombination, die vor der Preisänderung gilt.

Fords Rivalen sollen nicht reagieren, wenn Ford den Preis des Pinto auf über \$ 2000 erhöht; daher sind dann GE_1 und N_1N_1 die *tatsächlich geltenden* Grenz- und Durchschnittserlöskurven Fords. Senkt Ford den Preis unter \$ 2000, so sollen seine Konkurrenten darauf mit entsprechenden Preissenkungen ihrerseits reagieren. Bei Preisen unter \$ 2000 (und Mengen über 600 000 Pintos) sind N_2N_2 und GE_2 Fords tatsächliche Nachfrage- und Grenzerlöskurven.

Abbildung 5.2

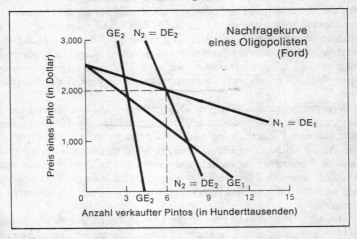

Wenn man die unwichtigen Teile der beiden Nachfragekurven wegläßt, so kann man eine Nachfragekurve konstruieren, welche die tatsächliche Lage eines oligopolistischen Unternehmens darstellt. Abbildung 5.3 enthält neben den relevanten Teilen der beiden Nachfrage- bzw. Grenzerlöskurven auch die Kostenkurven des Oligopolisten. *Erstens* ist die Nachfragekurve (Durchschnittserlöskurve) geknickt; sie fällt plötzlich steiler ab. *Zweitens* verläuft die Grenzerlöskurve nicht stetig: Sie springt plötzlich vom positiven in den negativen Quadranten (bei einer Menge von 600 000 Autos).

Wie man aus Abbildung 5.3 klar ersehen kann, würde Ford bei jeder Preisänderung eine Profiteinbuße erleiden – ganz gleich, ob Ford den Preis erhöht oder senkt. Es ist auch unwahrscheinlich, daß sich die Nachfragekurve so weit nach unten verschiebt, daß Ford den Preis senkt; sie müßte sich so weit verschieben, daß die Grenzkostenkurve nicht mehr von dem senkrechten Teil der Grenzerlöskurve geschnitten wird, sondern von ihrem oberen Teil (in Abbildung 5.2 mit GE_1 bezeichnet). Auch Kostenerhöhungen müßten beträchtlichen Umfang erreichen, damit ein Unternehmen seinen Preis erhöht. (Die Grenzkostenkurve müßte sich so weit nach oben verschieben, daß sie den oberen Teil der Grenzerlöskurve schneidet.) Bei dieser Betrachtung haben wir davon abgesehen, daß mit Ford auch die anderen Oligopolisten die Preise erhöhen.

Abbildung 5.3

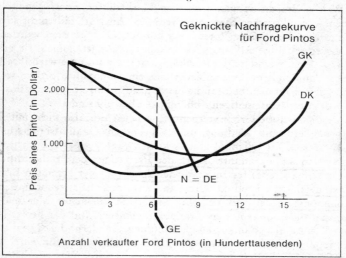

Geknickte Nachfragekurve
für Ford Pintos

Anzahl verkaufter Ford Pintos (in Hunderttausenden)

Die Beobachtung hat gezeigt, daß die Preise in Oligopolen kurzfristig kaum auf Nachfrageschwankungen reagieren und langfristig selten sinken; beides kann unser Modell erklären. Statt dessen steigen Oligopolpreise fast immer im Konjunkturaufschwung, ohne in Rezessionen nennenswert abzunehmen.

Preise im Oligopol

Wenn sich in einem Oligopol ein Gleichgewicht *gebildet hat,* steht jeder Oligopolist einer Nachfragekurve gegenüber, die in Höhe *seines* Gleichgewichtspreises geknickt ist. Wie kommt es aber zu diesem Gleichgewichtspreis?

In den meisten Lehrbüchern werden umfangreiche Modelle der Oligopol*preisbildung* entwickelt. Sie bauen samt und sonders auf der Annahme auf, daß die Oligopolisten nie ihre wechselseitige Abhängigkeit erkennen, wie oft auch ihre Rivalen ihre Erwartungen durchkreuzen mögen[3]. Der deutsche Theoretiker Heinrich von Stackelberg stellte in einem komplizierten mathematischen Modell das Verhalten von Oligopolisten dar. Er zeigt, daß in einem Oligopol nur dann ein Gleichgewicht zustande kommt, wenn ein Oligopolist von allen anderen als *Marktführer* akzeptiert wird[4]. Soll also in einem Oligopol ein Gleichgewicht existieren, so darf nur ein einzelnes Unternehmen Entscheidungen treffen, die alle anderen hinnehmen müssen.

Welche Entscheidungen wird der Marktführer eines Oligopols in einem kapitalistischen System treffen? Die Antwort fällt nicht schwer, wenn man die absurde Vorstellung aufgibt, Oligopolisten würden nie ihre wechselseitige Abhängigkeit erkennen. »Angenommen, sie erkennen . . . [ihre wechselseitige Abhängigkeit]; die Branche wird ihre Produkte dann zu dem Preis anbieten, den ein Monopolist fordern würde. Aus wieviel Firmen die Branche besteht, ist so lange bedeutungslos, wie sie sich ihrer wechselseitigen Abhängigkeit bewußt sind.«[5]

Oligopolistische Großunternehmen machen sich also nicht mit Preisen, sondern mit Werbung und angeblichen Qualitätsunterschieden Konkurrenz. Im Oligopol gibt es keinen Preiswettbewerb mehr. Oligopolisten sind daran interessiert, den Preis (oder, bei Produktdifferenzierung, die Preise) festzusetzen, der den Profit der gesamten Branche maximiert. Jedes Produkt wird dann zu dem Preis angeboten, den ein Monopolist fordern würde. Dies ist das *entscheidende* Merkmal der Preispolitik eines typischen Großunternehmens. Und das heißt: Nicht die Theorie der Konkurrenzpreisbildung, sondern die Theorie der Monopolpreisbildung liefert die richtigen Aussagen für eine Wirtschaft, die von Großunternehmen beherrscht wird. Was den Theoretikern des 19. Jahrhunderts als ein Spezialfall erschien, das ist heute der Regelfall!

[3] Eine gute und knappe Darstellung von drei Modellen dieser Art findet man in: R. A. Bilas, Microeconomic Theory, New York 1967, S. 213 ff.

[4] H. von Stackelberg, The Theory of the Market Economy, übers. von A. T. Peacock, New York 1952, S. 194 ff. – Deutsche Originalausgabe: Grundlagen der theoretischen Volkswirtschaftslehre, 2. Aufl., Tübingen 1951.

[5] Bilas, op. cit., S. 219.

Es gibt wegen der Wettbewerbsgesetze zugegebenermaßen wenige offene Absprachen zwischen den Unternehmen, doch herrscht in den meisten Branchen vermutlich ein hohes Maß stillschweigender Übereinstimmung, die bei der sog. *Preisführerschaft* ihren Höhepunkt erreicht (»gleichförmiges Verhalten«).

Ist die offene Abstimmung zwischen Unternehmen verboten, so erhöhen oder senken alle Unternehmen mit dem Preisführer ihre Preise. Der Preisführer schätzt, welchen Teil der Gesamtnachfrage seine Konkurrenten bei verschiedenen Preisen mit ihrem Angebot beliefern können. Der Preisführer setzt dann den Preis fest, bei dem die ihm verbleibende Nachfrage (Gesamtnachfrage abzüglich Angebotsmengen der Konkurrenten) seinen Profit maximiert. Für die Branche als Ganzes kommt dabei annähernd die Monopollösung heraus. Solange alle Unternehmen der Branche dieser Art der Preisbildung zustimmen (zu der keine formelle Kommunikation nötig ist), kann sich die Branche leicht zu dem Preis vortasten, der den Branchenprofit maximiert. Dieses Gleichgewicht ist im Grunde genommen nichts als eine Begleiterscheinung der fehlenden Preiskonkurrenz. (Der Anhang zu diesem Kapitel befaßt sich mit der Funktionsweise von Preisführerschaft und anderen Methoden, die in Oligopolen zu monopolähnlichen Preisen führen.)

Allerdings ändern sich die Preise in einem Oligopol nicht so schnell wie in einem Monopol. Erhöht ein Anbieter seinen Preis, so betrachten das die anderen Oligopolisten wohl nicht als aggressives Verhalten; schlimmstenfalls machen sie die Preiserhöhung nicht mit, und er muß wieder zurückstecken (oder sich mit einem kleineren Marktanteil begnügen). Senkt ein Oligopolist den Preis, so kann es sich immer um einen Angriff auf die Marktanteile der anderen Oligopolisten handeln. Fassen sie die Preissenkung als eine Verletzung des Tabus der Preiskonkurrenz auf, so kann es zu einem Preiskampf zwischen den Oligopolisten kommen, der allen Verluste bringt. Oligopolisten sind daher mit Preissenkungen vorsichtiger als mit Preiserhöhungen. In einer oligopolistisch strukturierten Wirtschaft sind darum die Preise nach oben beweglich und nach unten starr; der Zusammenhang mit der Inflation in kapitalistischen Systemen, die von Oligopolen beherrscht werden, liegt auf der Hand.

Oligopol oder Monopol?

Aus Kapitel 4 kennen wir vier Branchenstrukturen: vollkommene Konkurrenz, monopolistische Konkurrenz, Oligopol und Monopol. Es gibt fast keine Branchen, in denen vollkommene Konkurrenz herrscht.

Wir haben in diesem Kapitel gesehen, daß kein großer Unterschied zwischen einem Monopol und einem Oligopol besteht.

Rechtfertigen es andere Unterschiede, Oligopol als theoretischen Begriff beizubehalten? Wäre es nicht sinnvoller, die Unterscheidung zwischen Oligopol und Monopol fallenzulassen und alle Branchen als Monopole zu bezeichnen, die von ein paar Großunternehmen beherrscht werden?

In einer oligopolistischen Branche herrscht – anders als im Monopol – große Rivalität. Die Oligopolisten wissen, daß sie alle Verluste erleiden, wenn aus der Rivalität ein echter Preiskampf wird (wenn aus der hohen potentiellen Wettbewerbsintensität eine hohe tatsächliche Wettbewerbsintensität wird). Sie sind sich dieser Gefahr bewußt, aber sie bleiben Rivalen, die sich mit Werbung, Verkaufsförderung (sales promotion) und Kostensenkungsprogrammen Konkurrenz machen. Sie versuchen, die Nachfragekurve nach oben und die Kostenkurve nach unten zu verschieben – in dieser Beziehung gleichen sie Monopolisten.

Unterschiede zwischen Oligopol und Monopol treten zutage, wenn sich die Machtverteilung in einem Oligopol grundlegend verändert. Dann kann ein Kampf um die Führungsposition entbrennen, aus dem kurzfristig ein ruinöser Preiskampf werden kann. Ist aber ein neuer Branchenführer als Sieger aus dem Kampf hervorgegangen, so wird die Branche gewöhnlich zu einer Politik zurückkehren, die man kaum von der eines Monopols unterscheiden kann.

Der Begriff »Oligopol« ist also nützlich, um vorübergehende, ruinöse Preiskämpfe zu analysieren. In einem Oligopol können die Produkte des einen Anbieters durch ähnliche Produkte anderer Anbieter ersetzt werden (Substitutionsgüter); für einen Monopolisten gibt es keine Substitutionskonkurrenz. Die Unterscheidung zwischen den beiden Marktformen mag sinnvoll sein, um ihre Werbe- und Absatzmethoden zu vergleichen.

In nahezu allen anderen Zusammenhängen ist der Unterschied zwischen Monopol und Oligopol unerheblich. Häufig ist es in Diskussionen angebracht, jedes Großunternehmen (wie in der Umgangssprache) als Monopolist zu bezeichnen. Die ökonomische Definition des Monopols ist so eng gefaßt, daß kaum ein tatsächlich bestehendes Unternehmen darunterfällt. Die Aussagen des Monopolmodells über Preis- und Mengenpolitik sind aber grundlegend für das Verständnis des Verhaltens eines typischen Großunternehmens. In Kapitel 6 verallgemeinern wir den Monopolbegriff und bezeichnen jedes mächtige Großunternehmen als Monopol.

Zusammenfassung

Die weitaus meisten Unternehmen unterliegen monopolistischer Konkurrenz. Diese Firmen machen zwar gewöhnlich keine Zusatzprofite, aber sie verschwenden Produktionsfaktoren, da sie nie die kostengünstigste Menge herstellen und Unsummen für Werbung verschleudern.

Die Industrie moderner kapitalistischer Volkswirtschaften wird von einer verhältnismäßig kleinen Anzahl mächtiger Großunternehmen beherrscht. Die Preise eines Oligopols unterscheiden sich im allgemeinen kaum von denen eines Monopols. (Siehe dazu den Anhang zu diesem Kapitel.) Sie zeichnen sich durch hohe Zusatzprofite und geringe Wirtschaftlichkeit aus. Die Auswirkungen von Oligopolen und Monopolen untersuchen wir in Kapitel 6.

Anhang zu Kapitel 5
Preisbildung im Oligopol

Bilden oligopolistische Firmen ein formelles Kartell, so liegt der einfachste Fall der Oligopolpreisbildung vor. Mit *Kartell* bezeichnet man einen vertraglichen Zusammenschluß, bei dem die beteiligten Firmen wie ein Monopol handeln. Innerhalb eines Kartells wird jedes Unternehmen so behandelt, als wäre es nur Zweigwerk eines Monopols.

Aus Abbildung 5.A1 erkennt man, daß die Preisbildung mit der des Monopols übereinstimmt. Ein Monopolist hat eine *einheitliche* Grenzkostenkurve; die Grenzkostenkurve des Kartells erhält man, wenn man die Grenzkosten der einzelnen Oligopolisten (horizontal) addiert. Der Branchenpreis liege bei \$ 2000, und 3 000 000 Wagen der kleinen Mittelklasse werden auf dem Markt verkauft. Jedes Unternehmen stellt die Menge her, bei der seine Grenzkosten den Grenzkosten der Gesamtbranche (und dem Grenzerlös) entsprechen.

Kartelle sind in den USA grundsätzlich verboten. (Im westdeutschen Wettbewerbsrecht gilt auch grundsätzlich dieses *Verbotsprinzip,* doch gibt es eine ganze Reihe von zulässigen Ausnahmen, z. B. Export- und Importkartelle, Strukturkrisen- und Rationalisierungskartelle. Damit sind natürlich Umgehungsmöglichkeiten gegeben [H. S.].) Viele oligopolistische Branchen haben jedoch Mittel und Wege gefunden, Verhaltensweisen *verdeckt* aufeinander abzustimmen, so daß ihre Preis- und Mengenentscheidungen nahezu auf ein formelles Kartell hinauslaufen.

Ist diese Abstimmung nicht möglich, so vertrauen viele Oligopolbranchen auf die *Preisführerschaft* des jeweils mächtigsten Unternehmens. Das kann die größte oder leistungsfähigste Unternehmung der Branche sein; manchmal ist sie beides. Als Preisführer bestimmt sie den Preis. Die anderen Unternehmen betrachten diesen Preis als gegeben, genau wie Unternehmen bei vollkommener Konkurrenz den Branchenpreis als vorgegeben betrachten. Sie produzieren so viel, bis ihre Grenzkosten mit diesem Preis übereinstimmen (den sie als ihren Grenzerlös ansehen).

Abbildung 5.A1

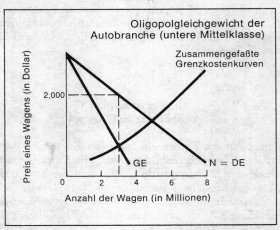

Wenn das herrschende Unternehmen seinen Profit maximieren will, muß es eine Vorstellung von den Grenzkosten bei den anderen Unternehmen haben. Die Firma U.S. Steel war eine Zeitlang bei Stahl der Branchenführer. Abbildung 5.A2 zeigt, wie sich in einer solchen Branche der Preis bildet. NN ist die Gesamtnachfragekurve, und $N_{USS}N_{USS}$ bezeichnet die Nachfragekurve von U.S. Steel. Ebenso enthält die Abbildung die zusammengefaßte Grenzkostenkurve aller Stahlproduzenten (außer U.S. Steel).

Die Nachfragekurve des Preisführers (N_{USS}) erhält man folgendermaßen: U.S. Steel weiß, daß die anderen Unternehmen bei jedem Preis die Mengen anbieten, bei denen ihre Grenzkosten gleich dem Preis sind. U.S. Steel weiß daher auch, wieviel die anderen Firmen zusammen (bei Grenzkosten = Preis) anbieten, wenn ein bestimmter Preis von U.S. Steel vorgegeben wird (im Beispiel sind das 70 Millionen Tonnen). Die Nachfrage, die für den Branchenführer übrigbleibt, entspricht der Gesamtnachfrage nach dem Branchenerzeugnis bei diesem Preis abzüglich der Nachfrage, die von den anderen Firmen gedeckt wird; die

Nachfragekurve des Branchenführers ist also mit anderen Worten die
Differenz zwischen der Nachfragekurve des Gesamtmarkts und den
Grenzkostenkurven der anderen Firmen.

Abbildung 5.A2

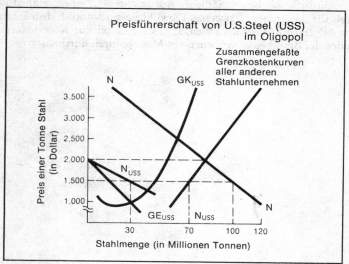

Preisführerschaft von U.S.Steel (USS)
im Oligopol

Zusammengefaßte
Grenzkostenkurven
aller anderen
Stahlunternehmen

Wenn der Branchenführer beispielsweise einen Preis von $ 2000
vorgibt, so werden schon die anderen Firmen so viel herstellen, wie zu
diesem Preis überhaupt verkauft werden kann. (Bei diesem Preis
schneidet nämlich die zusammengefaßte Grenzkostenkurve aller anderen Unternehmen die Nachfragekurve für den gesamten Markt.) Bei
niedrigeren Preisen als $ 2000 liegt die zusammengefaßte Grenzko-
stenkurve immer links von der Nachfragekurve. Folglich steigt die
Nachfrage für den Preisführer mit sinkendem Preis.

Die Grenzerlöskurve des Branchenführers (GE_{USS}) wird aus seiner
Nachfragekurve (N_{USS}) abgeleitet. Er maximiert seinen Profit, wenn
er der Branche einen Preis von $ 1500 vorgibt und 30 Millionen Ton-
nen produziert. Bei diesem Preis stellen die übrigen Unternehmen insgesamt 70 Millionen Tonnen Stahl her, so daß die Branchenproduktion
100 Millionen Tonnen beträgt (30 Millionen Tonnen von U.S. Steel
und 70 Millionen Tonnen von den anderen Firmen).

Die *Anpasser* (Firmen, die den Preis als gegeben akzeptieren und
sich mit ihrer Menge anpassen) haben nur sehr entfernt etwas mit Unternehmen unter vollkommener Konkurrenz zu tun. Auch sie passen

sich zwar mit ihrer Produktionsmenge so an den Preis an, daß Grenzkosten gleich Preis werden, doch erzielen sie langfristig Zusatzprofite;
Oligopole hindern wie Monopole neue Firmen am Eindringen in die
Branche, so daß es keinen Grund gibt, warum die Zusatzprofite langfristig bedroht sein sollten.

   Schließlich können staatliche Aufsichtsstellen einen einheitlichen
Preis für die Branche festsetzen. Obwohl sie ausdrücklich dem Interesse
der Allgemeinheit dienen sollen, sind sie doch oft nur Koordinierungs-
stellen der Branchenfirmen, um einen Monopolpreis durchzusetzen.

6. Wächst die Macht der Monopole?

Adam Smith glaubte, daß eine Wirtschaft, die aus unzähligen kleinen, miteinander konkurrierenden kapitalistischen Unternehmen besteht, für die Gesellschaft als Ganzes und für jeden einzelnen das beste wäre; die Zeit der vollkommenen Konkurrenz ist aber für immer vorbei. Seit der Jahrhundertwende sind Westeuropa und die Vereinigten Staaten von der Vormacht verhältnismäßig weniger Großunternehmen gekennzeichnet. Diese Entwicklung hat viele alte Eigenschaften des Kapitalismus verstärkt und einige völlig neue (und unangenehme) hervorgebracht. *Wie Marx schon prophezeit.*

Preise, Mengen und Profite bilden sich im Monopolkapitalismus völlig anders als bei vollkommener Konkurrenz (vgl. Kapitel 4 und 5). In diesem Kapitel befassen wir uns mit den tatsächlichen Verhältnissen der Realität. Vergeudung von Produktionsfaktoren, Manipulation der Konsumenten und Konflikte zwischen privatem Profitstreben und öffentlichen Bedürfnissen (z. B. nach einer ansprechenden Umwelt) erreichen im Monopolkapitalismus völlig neue Größenordnungen. Adam Smiths Interessenharmonie hat vielleicht einmal ein Körnchen Wahrheit enthalten; unter diesen neuen Bedingungen besteht sie bestimmt nicht mehr.

Konzentrationstendenzen

Bei vollkommener Konkurrenz sind alle Unternehmen zu klein, um mit ihrem Angebot den Marktpreis in ihrem Sinne beeinflussen zu können. Diese Situation war in der US-Wirtschaft im frühen neunzehnten Jahrhundert noch gegeben; kleine Bauern und Unternehmer stellten den größten Teil der Gesamtproduktion her – es gab keine Großunternehmen, die ganze Branchen beherrschten (aber zahlreiche örtliche Monopole). Vor 1860 waren in vielen wirtschaftlich bedeutenden Städten noch keine Kapitalgesellschaften zu finden. Inzwischen hat sich das Bild drastisch verändert.

Die großen Kapitalgesellschaften gewannen in den USA erst nach dem Sezessionskrieg (1861–1865) an Bedeutung. Zur Zeit der Jahrhundertwende stellten sie schon zwei Drittel der gesamten industriellen Produktion her. Ihre rapide Entwicklung ist z. T. auf *internes* Wachstum (selbständiges Wachstum), z. T. auf Fusionen zurückzuführen (Zusammenschluß mit zuvor unabhängigen Unternehmen).

Es gab regelrechte Fusionswellen; die erste fand um die Jahrhundertwende statt (von den frühen neunziger Jahren des vorigen Jahrhunderts bis zum Ersten Weltkrieg). Sie war von *horizontalen* Zusammenschlüssen gekennzeichnet, d. h. große Gesellschaften kauften ihre unmittelbaren Konkurrenten auf. Die Anzahl der Unternehmen in einer Branche sinkt, ihre Größe wächst.

Die zweite Fusionswelle kam in den zwanziger Jahren und war von *vertikalen* Konzentrationsvorgängen charakterisiert. Bei vertikalen Fusionen absorbiert (»schluckt«) ein Großunternehmen seine Lieferanten oder seine Abnehmer.

Die sechziger Jahre erlebten eine dritte und einzigartige Konzentrationswelle. Die meisten Fusionen waren *konglomerate* Zusammenschlüsse; Großunternehmen fusionierten mit Gesellschaften, die mit ihrer Geschäftstätigkeit nichts zu tun haben (»Gemischtwarenkonzern«). Ziel ist einfach ein riesiges wirtschaftliches Imperium, das seinen Herrschern unabsehbare politische und ökonomische Macht verleiht.

Zwischen 1950 und 1959 fusionierten im Durchschnitt jährlich 540 Unternehmen (Kapitalgesellschaften), zwischen 1960 und 1967 1100 und 1968 allein 2655 Unternehmen. Die Anzahl konglomerater Fusionen zwischen Großunternehmen verschiedener Branchen wächst: Von 1948 bis 1953 belief sich der Anteil konglomerater Fusionen auf 59 %, zwischen 1960 und 1965 auf 72 % und 1968 sogar auf 84 % aller Fusionen[1].

Auch heute gibt es noch Millionen kleiner Unternehmen; einige hundert riesige Gesellschaften produzieren aber den größten Teil des Ausstoßes und besitzen den größten Teil des Produktivkapitals (vgl. Tabelle 6.1).

Aus Tabelle 6.1 geht die hohe Konzentration des Produktivvermögens auf relativ wenige Unternehmen hervor[2]. Die Mehrzahl der Unternehmen sind kleine Betriebe (906 458 oder 59 %); sie besitzen einen verschwindend kleinen Anteil des Produktivkapitals ($ 31 Mrd. oder

---

[1] Alle Zahlenangaben dieses Abschnitts von der Federal Trade Commission, zitiert in: Federal Reserve Bank of Cleveland, Economic Commentary (vom 12. Mai 1969), S. 3.

[2] Zur Terminologie: Der englische Ausdruck »corporate assets« bedeutet »Bilanzvermögen von Kapitalgesellschaften«, d. h. die Summe der Aktiva (= Bilanzsumme) [»Das Vermögen stellt als Gesamtheit aller im Betriebe eingesetzten Wirtschaftsgüter und Geldmittel die Aktiva ... dar.« – G. Wöhe, Einführung in die allgemeine Betriebswirtschaftslehre 9. unveränderte Aufl., Berlin/Frankfurt 1969, S. 497]. Im Rahmen einer Argumentation, die sich auf ökonomische Macht bezieht, scheinen mir die Begriffe »Produktivvermögen«, »Produktivkapital« oder »Betriebsvermögen« angemessener und aussagekräftiger, obwohl sie meistens (Bilanzanalyse, Statistik und Steuerrecht) in einem engeren Sinne gebraucht werden (H. S.).

Tabelle 6.1

Verteilung des Bilanzvermögens (alle U.S.-Kapitalgesellschaften, Stand: 1967)

Größenklasse (Untergrenze)	Kapitalgesellschaften	Anteil am gesamten Bilanzvermögen
$ 0	59,00 %	1 %
$ 100,000	29,00 %	5 %
$ 500,000	10,00 %	10 %
$ 5,000,000	1,94 %	31 %
$ 250,000,000	0,06 %	53 %
insgesamt	100,00 %	100 %

Quelle: U.S. Internal Revenue Service, *Statistics of Income, Corporation Income Tax Returns* (Washington, D.C.: U.S. Government Printing Office, 1967).

1,5 %). An der Spitze stehen einige riesige Kapitalgesellschaften (958 oder ganze 0,06 %) mit dem größten Teil des gesamten Betriebsvermögens ($ 1070 Mrd. oder 53,2 %). Es ist unglaublich, daß noch nicht einmal 1000 Unternehmen ein Produktivvermögen von mehr als einer Billion Dollar besitzen; das ist mehr als der Gesamtwert des westeuropäischen Produktivkapitals. Die Konzentration setzt sich innerhalb dieser Gruppe von 1000 Unternehmen unvermindert fort.

Diese Zahlenangaben sind Durchschnittswerte für sämtliche Kapitalgesellschaften, die nicht die sektoralen Unterschiede berücksichtigen. In den USA gibt es 13 775 Banken; auf die 14 größten allein entfällt ein Viertel, auf die 100 größten fast die Hälfte (46 %) der Einlagen des gesamten, strategisch wichtigen Sektors[3].

Banken dienen nicht zur Anlage von Ersparnissen; ein anderer wichtiger Teil ihrer Geschäftspolitik ist die *treuhänderische* Verwaltung der Depots (Wertpapierbestände) von Einzelpersonen und Unternehmen. Die Banken haben das Stimmrecht für die Wertpapiere *ihrer Kunden* und üben so erheblichen Einfluß auf die Kapitalgesellschaften aus (obwohl sie keine juristischen Eigentümer sind)[4]. Die 49 größten Banken besitzen bei 147 der 500 größten Industrieunternehmen und außerdem mindestens bei den 17 größten Transport- und Handelsun-

[3] Zahlen über die Konzentration im Bankensektor aus Patman Committee Staff Report for the Domestic Finance Subcommittee of the House Committee on Banking and Currency, Commercial Banks and Their Trust Activities; Emerging Influence on the American Economy (Washington, D. C.: U.S. Government Printing Office, Juli 1968).
[4] Auch in der Bundesrepublik gibt es das sog. Depotstimmrecht. Deutsche Banken besitzen weit größere Beteiligungen als amerikanische. Vgl. Commerzbank, Wer gehört zu wem, 9. erw. Aufl., o. O. 1971 (H. S.).

ternehmen über 5 % des Grundkapitals. Banken sind in den meisten *Boards of Directors* (entspricht etwa den Aufsichtsräten bei Aktiengesellschaften) der größten Unternehmen praktisch aller Schlüsselbranchen vertreten (Industrie, Handel, Versorgung, Transport und Versicherungen).

Wenden wir uns nun dem entscheidenden Sektor zu, der Industrie: 1962 gab es in dieser Branche 180 000 Kapitalgesellschaften und 240 000 Unternehmen anderer Rechtsform[5]. Die Kapitalgesellschaften besaßen achtundneunzig Prozent der Aktiva; die 20 (nicht 20 000!) größten (von 420 000) Industrieunternehmen allein 25 %, die 50 größten 36 % und die 200 größten 56 %. Berücksichtigt man, daß manche Großunternehmen noch größeren Unternehmen gehören, so ist die Konzentration noch höher. Einschließlich Beteiligungen (sog. Kapitalverflechtung) besitzen die 100 größten Unternehmen 58 % des Eigenkapitals aller 180 000 Kapitalgesellschaften der Industrie. Ein weiteres Anzeichen für die ungleiche Verteilung ökonomischer Macht: Die 20 größten Industrieunternehmen besitzen einen größeren Anteil am Produktivvermögen der Industrie als die kleinsten 419 000 Unternehmen *zusammen.*

Der Unterschied ist noch größer, wenn man die Gewinne betrachtet. Die Nettoprofite der fünf größten Gesellschaften waren *doppelt* so groß wie die Profite der 178 000 kleinsten Kapitalgesellschaften zusammen.

Der Anteil der 200 größten Kapitalgesellschaften am gesamten Produktivkapital der Branche nahm zwischen 1950 und 1962 um 17 % zu; zwischen 1962 und 1970 war die Zuwachsrate noch größer. Seit 1959 kauften die Großunternehmen jährlich mehr als 60 Großunternehmen mit einer Bilanzsumme von mehr als $ 10 Millionen auf. Von den 1000 größten Industrieunternehmen des Jahres 1950 wurde in der Zwischenzeit ein Fünftel noch größeren Unternehmen einverleibt. 1966 wurden 101 Kapitalgesellschaften mit über $ 10 Millionen Bilanzsumme von anderen Unternehmen aufgekauft, 1967 schon 169 und 1968 sogar 192. Der Machthunger der Oligopolisten ist offensichtlich noch lange nicht gestillt. Warum sollten diese wirtschaftlichen Imperien auch ihr wucherndes externes Wachstum einstellen?

Sie werden schon allein deshalb weiterwachsen, weil sie den größten Teil der Forschungskapazitäten besitzen. Eine Untersuchung von 1960 zeigt, daß ganze vier Unternehmen 22 % der gesamten Kapazitäten

[5] Zahlenangaben von W. F. Mueller, Economic Concentration, in: Hearings before the Subcommittee on Antitrust and Monopoly of the Committee on the Judiciary, United States Senate, 88th Congress, 2nd Session, pursuant to S. Res. 262, Part I: Overall and Conglomerate Aspects (Washington, D. C.: U.S. Government Printing Office, Juli 1964), S. 111–129.

für Forschung und Entwicklung auf sich vereinigen; die 384 größten Unternehmen 85 %[6].

Die Konturen der Konzentration werden noch schärfer, wenn man die einzelnen *Industriezweige* betrachtet. Zu einem solchen Industriezweig zählen nur die Hersteller der Produkte, die sich leicht gegeneinander austauschen lassen (Substitutionsgüter). Innerhalb eines derartigen Industriezweigs findet der eigentliche Wettbewerb statt. Drei oder vier gigantische Oligopolisten kontrollieren in den meisten Zweigen den Hauptteil der Branchenproduktion. Meistens gibt es noch viele kleine Firmen, die aber insgesamt nur einen kleinen Teil der Gesamtproduktion herstellen.

Die Vereinigten Staaten haben sich von einer Konkurrenzwirtschaft zu einer oligopolistischen Wirtschaft gewandelt; eine Branche aus wenigen Oligopolisten neigt dazu, sich wie ein Monopol zu verhalten (vgl. Kapitel 5); in diesem Kapitel wurde die riesige Anzahl konglomerater Fusionen beschrieben. Besitzt ein Konglomerat (Mischkonzern) in jedem Industriezweig ein großes Unternehmen, so zeigt sich das aber *nicht* im Konzentrationsgrad der Branchen. Wenn also der Anteil der drei oder vier größten Unternehmen an der Gesamtproduktion eines *Industriezweigs* während mehrerer Jahre kaum zugenommen hat, so untertreibt das erheblich die Zunahme der Konzentration bei den 100 größten Unternehmen der *Gesamtindustrie* (Gesamtindustrie = alle Industriezweige).

Ursachen des Monopols

Massenproduktionsvorteile sind die Hauptursache für den Aufstieg der gigantischen Unternehmen (sog. »economies of scale«); Produktionsanlagen, die für Massenproduktion konzipiert sind, senken die Stückkosten, denn man kann Spezialmaschinen, bessere Fachkräfte und Fließbänder einsetzen. Kleinunternehmen müssen aufgeben, weil sie nicht mehr konkurrenzfähig sind; Großunternehmen verkaufen zu niedrigeren Preisen, gewinnen eine Monopolstellung und machen mehr Profite.

Firmen wie General Motors sind nicht nur aus produktionstechnischen Gründen rentabler als kleinere Unternehmen. Sie wachsen (intern oder extern) weit über die technisch bedingte Mindestbetriebsgröße für eine kostenoptimale Produktion hinaus, denn sie wollen die

---

[6] Vgl. J. K. Galbraith, The New Industrial State, Boston 1967, S. 23 und die dort zitierten Quellen. Deutsche Ausgabe: Die Moderne Industriegesellschaft, München 1970.

Früchte der monopolistischen Verkäufermacht ernten. Sind die kleineren Konkurrenten verdrängt worden oder unter ihren Einfluß geraten, so können die wenigen übriggebliebenen Branchenriesen das Angebot verringern, die Preise erhöhen und größere Profite machen. Außerdem können Großunternehmen für längere Zeiträume mit höherer Sicherheit planen.

Risiken werden nicht nur durch die Kontrolle über die Branchenproduktion ausgeschaltet, sondern auch durch Aufkaufen von Lieferanten und Händlern, durch Werbefeldzüge, die sich über das ganze Land erstrecken, und durch enge Geschäftsverbindungen mit Banken und anderen Finanzierungsinstituten. Für die erstrebenswerte, optimale Unternehmensgröße gibt es unter diesen Voraussetzungen keine definierbare Obergrenze; die Parole heißt: *Je größer, desto besser!*

Preise und Profitmaximierung

Wie verändert sich die Preisstruktur einer Volkswirtschaft durch den Einfluß der Monopole? Die Hauptursachen für die Macht eines Monopolisten sind die höhere Wirtschaftlichkeit, die Kontrolle über Rohstoff-, Material- und Finanzierungsquellen und Patente sowie alle denkbaren legalen und illegalen Methoden, sich Konkurrenten vom Leibe zu halten. Ein Monopolist kann Preise festsetzen, die alles aus dem Markt herausholen, und es gibt keinen Konkurrenzmechanismus, der seinen Profit auf das Durchschnittsniveau aller Branchen zurückdrängen könnte.

Ein Monopolist kann überdurchschnittliche Profite erzielen, aber sie hängen immer noch vom Überschuß der Verkaufserlöse über die Kosten ab. Die Existenz von Monopolen beeinflußt *nicht unbedingt* das Preisniveau oder die Höhe des Gesamtprofits einer Wirtschaft (Profitsumme). Monopole führen – in Grenzen – lediglich zu einer *Umverteilung der Profite.* Monopolisten können sich einen Teil der Profite kleinerer Unternehmen aneignen, weil sie im Konkurrenzkampf um das Geld der Konsumenten die Stärkeren sind. Durch ihre Käufermacht können sie die Preise von Rohstoffen und Zwischenprodukten drücken und ihre Endprodukte teuer an kleine Unternehmen verkaufen; sie können aber auch die Profitsumme steigern, wenn sie mit ihrer Macht das Preisniveau erhöhen und das Reallohnniveau senken.

Monopolisten können nach Belieben Preise und Mengen festsetzen, aber sie können auch nur die Menge wählen, die ihren Profit bei *gegebenen* Nachfrage- und Kostenkurven maximiert; sie können nur zu dem Preis ihre Produktion absetzen, den die Nachfragefunktion der

Angebotsmenge zuordnet. Der Unterschied zwischen Monopol und vollkommener Konkurrenz besteht darin, daß im Monopol die Angebotsmenge kleiner und der Preis höher ist. Daher ist im Monopol der *kurzfristige* Profit höher als der Durchschnittsprofit bei Konkurrenz; der Monopolprofit bleibt auch *langfristig* größer, weil kein neues Kapital ungehindert in die Branche eindringen kann.

Viele Ökonomen sind dagegen der Ansicht, daß Geschäftsleute *nicht unbedingt* nur den Profit maximieren wollen. Sicher, Ziele sind eine vielschichtige Angelegenheit, und der Kapitalist von heute ist nicht mehr der Einzelunternehmer, sondern das von Managern geleitete Großunternehmen. Ob aber ein Manager bis in seine letzte Faser von der Profitmaximierung beseelt ist oder nicht, ist völlig nebensächlich. Seine Aufgabe *als Unternehmensleiter* besteht zweifellos darin, Profite zu erzielen und anzusammeln. Das Großunternehmen ist – genau wie früher die Einzelunternehmung – eine Einrichtung zur Maximierung von Profiten. Es ist aber mehr als ein großes Einzelunternehmen, denn (1) hat es einen viel längeren Planungshorizont, und (2) bauen seine Entscheidungen auf viel gründlicheren Kalkulationen auf[7].

Folgende dogmatische Ansicht gilt es allerdings zu vermeiden: Großunternehmen treffen jede Entscheidung danach, ob sie sich unmittelbar in klingender Münze bezahlt macht. Die Geschäftsführung eines Großunternehmens verzichtet sicher auf kurzfristige Profitchancen, um den Markt unter Kontrolle zu behalten oder um das Unternehmenswachstum zu beschleunigen; vielleicht spielt tatsächlich auch ein vages Prestigemotiv bei den Entscheidungen des Managements eine Rolle. Die Preise sind also nicht unbedingt immer an der Obergrenze des Möglichen, denn das Management will einen ganzen Ziel*komplex* maximieren. Jede andere Zielsetzung ist aber nur rationales Mittel für den gleichen Zweck – die langfristige Profitmaximierung.

Wer kontrolliert die Großunternehmen?

Auch für liberale Ökonomen gehören die Monopole zu den schlechten Seiten des Kapitalismus. Nach ihrer Ansicht kann man jedoch dieses Übel beseitigen, ohne den Kapitalismus selbst in Frage zu stellen. Die einen erhoffen sich etwas von einer strengeren Anwendung der Wettbewerbsgesetze; andere räumen ein, daß sich diese Gesetze als völlig

---

[7] Siehe dazu J. Earley, The Impact of Some New Developments in Economic Theory: Discussion, American Economic Review, Papers and Proceedings (Mai 1957), S. 333–335.

unzureichend erwiesen haben, und fordern strengere Gesetze. Schließlich gibt es noch eine dritte Gruppe. Nach ihrer Ansicht sind die Entwicklungen innerhalb der Großunternehmen schon das entscheidende Korrektiv. Galbraith ist der Hauptvertreter dieser Meinung.

Nach Galbraith[8] besteht ein großer Widerspruch: Einerseits werden Großunternehmen vom Management kontrolliert, andererseits sollen Großunternehmen unentwegt die Profite für die Anteilseigner maximieren. Weiter argumentiert er: Der wichtigste Produktionsfaktor ist nicht mehr das Kapital, sondern die Fähigkeiten qualifizierter Wissenschaftler und Technologen; die wirkliche Macht hätte sich von Anteilseignern und Geschäftsführung auf die *Technostruktur* verlagert (technisches Personal, einschließlich Wissenschaftlern und Technikern). Die Mitglieder der Technostruktur erhalten nichts von den Profiten, die sie für die Eigentümer maximieren sollen. Sie stellen Fähigkeiten zur Verfügung, nicht Kapital – warum sollte sich also die Technostruktur um die Kapitalerträge sorgen? Nach Galbraiths Ansicht haben moderne Großunternehmen die Macht, die Gesellschaft zu prägen; aber nicht die Eigentümer, sondern – wie zu erwarten – die Technostruktur spannt sie für ihre Ziele und Interessen ein, denn sie herrscht in Wirklichkeit über das Unternehmen.

Galbraith stimmt zu, daß ein paar hundert riesige Unternehmen die Märkte kontrollieren, daß sie bestimmen, wieviel und zu welchem Preis angeboten wird und daß sie erheblichen politischen Einfluß haben. Aber er tut das Management mit einer Handbewegung ab und sieht die Macht über das Unternehmen in den Händen der Wissenschaftler und Facharbeiter. Die Technostruktur bestimmt in Wirklichkeit – laut Galbraith – die Geschäftspolitik, und sie hat dabei die Interessen der gesamten Gesellschaft im Auge, denn sie decken sich mit ihren eigenen. Galbraith kritisiert also den Kapitalismus scharf, besonders die Konzentration der Produktionsmittel; er schlägt aber wieder einen versöhnlichen Ton an, denn die Industriegesellschaft hat seiner Ansicht nach eine Lösung für ihre Probleme gefunden.

Galbraith sieht allerdings nicht die tatsächliche Stellung der Geschäftsführung in einem Großunternehmen. Die Zielsetzungen des Managements können schlecht der Profitmaximierung widersprechen, denn viele leitende Angestellte besitzen Aktien; z. B. hatten 25 Mitglieder der Führungsspitze von General Motors durchschnittlich je 11 500 Aktien[9]. Damit könnten sie zwar nicht die Geschäftspolitik von General Motors beeinflussen, aber wenn jeder mit rund $ 500 000 an dem Unternehmen beteiligt ist, wird wohl keiner Profiten gegenüber gleichgültig

[8] Galbraith, op. cit., Kapitel 5, 6, 7 und 8.
[9] Siehe G. Kolko, Wealth and Power in America, New York 1962, S. 13. – Deutsche Ausgabe: Besitz und Macht, Frankfurt 1967.

sein. Außerdem sind Manager stärker als irgendeine andere Berufsgruppe unter den Aktionären vertreten.

Nach Galbraith ist natürlich nicht die Zielsetzung des Managements,
sondern die der Technostruktur entscheidend. Dagegen machen kritische Ökonomen geltend, daß sich die Ziele der Technostruktur mit
denen der Manager decken: Überleben des Unternehmens, Wachstum
und Unabhängigkeit von anderen Unternehmen. Jedes dieser Ziele
setzt Profite voraus. Weiter: Kontrollieren *wirklich* die Techniker ein
Unternehmen? Die Geschäftsführung stellt Techniker ein und kündigt
sie, nicht umgekehrt. Schließlich trifft der Chef und nicht sein Gehilfe
Entscheidungen (obwohl der Chef den Rat des Fachmanns einholt –
aber nur, um die Profitaussichten seiner Entscheidungen zu verbessern).

Monopolprofite und Einkommensverteilung

Wie wirkt sich die monopolistische Struktur und die monopolistische
Preispolitik auf das kapitalistische System als Ganzes aus? Dieser Abschnitt befaßt sich mit den Auswirkungen auf *Profitraten*. Wir wiederholen erst kurz, womit die Theorie das Entstehen der Monopolprofite
erklärt, und betrachten dann das empirische Bild.

Monopolistische (oder oligopolistische) Marktkontrolle läuft auf
kleinere Angebotsmengen und höhere Preise hinaus. Das Reallohnniveau der Arbeiter wird so verringert; Monopole betreffen aber auch
die Käufer von Produktionsmitteln, denn sie verringern den Profit
kleiner Unternehmen und Farmen. Einige Großunternehmen können
außerdem mit ihrer Marktmacht als Hauptabnehmer bestimmter Waren Profite von Kleinunternehmen und Landwirten zu sich verschieben
(sog. Oligopsonmacht).

Manche Großunternehmen verfügen auch auf dem Arbeitsmarkt
über Oligopsonmacht; sie können den Arbeitern weniger als den
Durchschnittslohn zahlen, denn sie sind bedeutende Arbeitgeber. Gewerkschaften können diese Quelle für Zusatzprofite natürlich in gewissen Grenzen verstopfen. Im modernen Monopolkapitalismus sind
Löhne nicht das automatische Ergebnis von Angebot und Nachfrage
auf dem Arbeitsmarkt, sondern die Verhandlungsstärke der Kapital-
und Arbeitervertreter bestimmt den Lohnsatz; das Monopolkapital
hat dabei gewöhnlich die stärkere Verhandlungsposition.

Lukrative Rüstungsaufträge des Staats sind eine andere Quelle der
Monopolprofite. Steuergelder der arbeitenden Bevölkerung finanzieren diese Aufträge und damit auch die Profite. (Arbeiter in der Rüstungsindustrie verdienen überdurchschnittliche Löhne, aber das ändert

nichts an den Profiten.) Auslandsinvestitionen sind besonders einträg-
lich und erhöhen ebenfalls die Monopolprofite (auf Kosten der Arbeiter fremder Länder).

Wenden wir uns den Fakten zu und untersuchen, welcher Zusammenhang zwischen Profitrate und der absoluten Größe eines Unternehmens besteht. Maßstab für die *Unternehmensgröße* ist die Bilanzsumme, die *Profitrate* ist als Verhältnis von Profit zum Eigenkapital[10]
einer Aktiengesellschaft definiert. Tabelle 6.2 enthält die Profitraten
nach Unternehmensgröße (Bilanzsumme) für alle amerikanischen Kapitalgesellschaften.

In einer Wirtschaft mit vollkommener Konkurrenz müßten sich die
Profitraten langfristig aneinander angleichen; Tabelle 6.2 zeigt aber,
daß die langfristige Profitrate in der US-Wirtschaft *nicht* bei allen
Kapitalgesellschaften gleich hoch ist. Im Gegenteil: Kleine Unternehmen haben niedrige oder sogar negative Profitraten. Profitraten *wachsen* mit der Unternehmensgröße (bei den oberen Größenklassen gibt es
allerdings keine großen Unterschiede). Das ist der Beweis für die Macht
der Monopole und für fehlenden Wettbewerb.

Tabelle 6.2

**Langfristige Profitrate nach Unternehmensgröße
(alle Kapitalgesellschaften der USA;
Zeitraum: 1931—1961, ohne die Kriegsjahre 1940—1947)**

Unternehmensgröße (Bilanzsumme)			Profitrate (Profit vor Steuern im Verhältnis zum Eigenkapital)
$	0 — $	50,000	— 7,1 %
$	50,000 — $	100,000	4,1 %
$	100,000 — $	250,000	5,9 %
$	250,000 — $	500,000	7,4 %
$	500,000 — $	1,000,000	8,3 %
$	1,000,000 — $	5,000,000	9,3 %
$	5,000,000 — $	10,000,000	9,7 %
$	10,000,000 — $	50,000,000	10,4 %
über $ 50,000,000			10,4 %

Quelle: Mit Genehmigung abgedruckt aus: Howard J. Sherman, *Profit Rates in the United States* (Ithaca, N.Y.: Cornell University Press, 1968), S. 41.

Statt des Zusammenhangs zwischen *absoluter* Unternehmensgröße
und Profitrate kann man auch den Zusammenhang zwischen *relativer*
Unternehmensgröße untersuchen; die relative Unternehmensgröße be-

[10] Im Deutschen wird das Gewinn/Eigenkapital-Verhältnis im allgemeinen
als Rentabilität des Eigenkapitals bezeichnet. Vgl. Wöhe, op. cit., S. 708
(H. S.).

zeichnet die Macht eines Unternehmens in seiner eigenen Branche. Wir messen die Oligopolisierung eines Industriezweigs mit dem Verhältnis

$$\frac{\text{Umsatz der acht größten Kapitalgesellschaften}}{\text{Gesamtumsatz des Industriezweigs}}$$

und nennen dieses Verhältnis *Konzentrationsgrad*. Verschiedene Untersuchungen haben einen klaren Zusammenhang zwischen Konzentrationsgrad und Profitraten einer Branche aufgezeigt (vgl. Tabelle 6.3).

Tabelle 6.3

Profitraten und Konzentrationsgrad nach Industriezweigen (alle Industriegesellschaften der USA, 1954)

Industriezweig	Konzentrationsgrad (Umsatz der acht größten Hersteller in %)	Profitrate (Profit vor Steuern, im Verhältnis zum Eigenkapital)
Automobile und Ersatzteile	98,1 %	27,1 %
Tabak	91,5 %	20,3 %
Transportmittel (außer Automobilen)	75,6 %	29,8 %
Gummi	74,2 %	17,8 %
Metalle (unverarbeitet)	70,8 %	13,0 %
Chemie	63,3 %	19,9 %
Elektromaschinenbau	60,8 %	20,7 %
Kohle und Erdöl	57,7 %	7,7 %
Optik und Feinmechanik	56,1 %	23,9 %
Glas, Steine und Erden	55,0 %	19,9 %
Nahrungsmittel und Getränke	45,7 %	14,4 %
Maschinenbau (außer Elektromasch.)	44,4 %	16,2 %
Metall (verarbeitet)	40,3 %	15,6 %
Papier	39,4 %	17,3 %
Textil	37,1 %	5,1 %
Leder	33,7 %	11,4 %
Möbel	23,8 %	12,8 %
Druck- und Verlagswesen	21,5 %	15,1 %
Kleidung	20,5 %	7,6 %
Holz	15,5 %	12,2 %

Quelle: Mit Genehmigung abgedruckt aus: Howard J. Sherman, *Profit Rates in the United States* (Ithaca, N.Y.: Cornell University Press, 1968), S. 85.

Die hohe Konzentration in vielen Branchen zeigt, daß in den meisten Zweigen der US-Industrie der größte Teil des Umsatzes auf einige wenige Unternehmen entfällt, während Hunderte kleine Unternehmen kaum ins Gewicht fallen mit ihrem Angebot. Weiter spiegelt sich in der Tabelle eine deutliche Zunahme der Profitraten mit dem Konzentrationsgrad wider. (Die wenigen Ausnahmen sind leicht als Sonderfälle zu erklären.) Die durchschnittliche Profitrate der zehn Industriezweige mit einem Konzentrationsgrad von über 50 % beträgt 20 %, die der zehn schwächer konzentrierten Branchen nur 12,8 %.

Wir versuchen, diese Analyse auf die Entwicklung des Gesamtprofits im Kapitalismus auszudehnen. Es hat den Anschein, daß Großunternehmen immer weiter die Stückkosten verringern können und die entscheidenden Anstöße für technische Neuerungen geben. Man kann den Monopolkapitalismus trotzdem nicht als ein rationales oder fortschrittliches System bezeichnen, denn trotz ständig sinkender Kosten steigen die Preise. Die Produktivitätserhöhungen nützen also nicht allen, sondern nur einer Minderheit: Die Profitraten und der Anteil des Profits am Volkseinkommen steigen. Die Profitrate sinkt nicht, wie die Ökonomen des 19. Jahrhunderts meinten, sondern sie steigt – zumindest bei den Monopolen.

Monopol und Vergeudung

Das Wirtschaftswachstum in den USA scheint sich verringert zu haben, seitdem das Monopol die Wirtschaftsstruktur kennzeichnet. Das Bruttosozialprodukt ist zwischen 1839 und 1879 (preisbereinigt) im Durchschnitt um 4,31 % jährlich gewachsen, zwischen 1879 und 1919 um 3,72 % und zwischen 1919 und 1959 um 2,97 %[11]. Wegen der Vielzahl anderer Einflußfaktoren kann man nicht beurteilen, ob und in welchem Ausmaß das langsamere Wachstum auf die Zunahme oligopolistischer Macht zurückzuführen ist.

Kostenoptimale Produktion ist erst von einer bestimmten Mindestbetriebsgröße an möglich. Da der größte Teil des Sozialprodukts in einer modernen kapitalistischen Wirtschaft von Großunternehmen hergestellt wird, müßten die Produktionskosten in den meisten Wirtschaftssektoren niedriger denn je sein. Aus verschiedenen Kostenuntersuchungen geht hervor, daß die Produktionskosten auch jenseits der Mindestbetriebsgröße vermutlich nicht ansteigen[12]. Eine Ursache dafür ist sicher in dem überproportionalen Anteil der Großunternehmen an den Forschungskapazitäten und ihrer Kontrolle über viele Patente zu sehen. Sie sind daher auch am ehesten in der Lage, die Effizienz noch weiter zu steigern, zumal sie über die Mittel für entsprechende Investitionen verfügen – im Gegensatz zu den kleineren Firmen.

[11] Joint Economic Committee, Congress of the United States, Staff Report on Employment, Growth, and Price Levels (Washington, D. C.: U.S. Government Printing Office, 1961), S. 34.
[12] Vgl. J. S. Bain, Price and Production Policies, in: H. S. Ellis (Hrsg.), A Survey of Contemporary Economics, New York 1948, S. 140.

Doch die großen, unangreifbaren Firmen wären am stärksten davon betroffen, wenn der technische Fortschritt plötzlich ihren gesamten Maschinenpark veralten läßt oder die Haltbarkeit der Produkte erhöht (denn dann sinkt die mengenmäßige Nachfrage). Ein oligopolistisches Großunternehmen ist keiner ernsthaften Konkurrenz ausgesetzt und steht nicht unter dem Zwang, Verbesserungen auf den Markt zu bringen. Ein Oligopolist kann wichtige Erfindungen machen und sie sich patentieren lassen; er braucht sie aber nicht anzuwenden. Monopole haben ein widersprüchliches Verhältnis zu Innovationen: Sie sind die Wurzel des technischen Fortschritts, aber sie nutzen ihn keineswegs unbedingt.

Ein Oligopolist kann mit seiner Marktmacht das Angebot verknappen, um die Preise hochzuhalten. Wie wir in späteren Kapiteln (Band 2) sehen werden, ist die *Macht der Monopole eine Hauptursache der Inflation.* Sie werden nur dann die Produktion mit allen Mitteln ausdehnen, wenn die Nachfrage plötzlich über alle Grenzen wächst (z. B. die staatliche Nachfrage nach Munition im Krieg). Dann halten sie nicht mehr die Produktion künstlich niedrig, aber sie versuchen möglichst hohe Preise durchzusetzen (soweit es die Regierung zuläßt).

Kleine Betriebe sind besonders abhängig von der Geschäftspolitik der Großunternehmen, was möglicherweise die Konjunkturschwankungen verstärkt (vgl. Kapitel 8, Band 2). Durch Oligopole könnte also die Wachstumsrate der Volkswirtschaft sinken, wenn die Wachstumsverluste der Depression nicht im Konjunkturaufschwung nachgeholt werden. Das soll aber nicht heißen, eine Zerschlagung großer Unternehmen würde das Wachstum beschleunigen. Kleinere Unternehmen könnten sicher nicht mit gleicher Wirtschaftlichkeit arbeiten, so daß für Investitionen weniger Mittel verfügbar wären.

Das Wirtschaftswachstum (und das Wachstum der Verschwendung) im Monopolkapitalismus hängt auch stark vom Aufwand für Werbung und andere absatzpolitische Maßnahmen ab. Was ursprünglich eine ziemlich unwichtige Erscheinung des Wirtschaftssystems war, das ist heute nicht mehr wegzudenken. Für die Funktion des Systems ist nur noch die Rüstung bedeutender als Werbung und Marketing; wie nichts anderes durchdringt die Werbung das gesellschaftliche Leben bis in seine letzte Faser. Sind in einem Wirtschaftssystem mit erbittertem Wettbewerb Preissenkungen wegen der Oligopolisierung selten, so werden Marketing und Werbung immer mehr zur Hauptwaffe des Konkurrenzkampfs. Bei atomistischer Konkurrenz gab es kaum Raum für Werbung; unter Monopolbedingungen ist sie dagegen lebenswichtig für ein Unternehmen. Große Unternehmen können ihre Marktposition verstärken, wenn sie ihre Produkte deutlich gegenüber den Konkurrenzprodukten differenzieren (durch den Einsatz von Werbung,

Handelsmarken, Markennamen, exklusiver Verpackung und Produkt-
gestaltung). Gelingt das, so glauben schließlich die Konsumenten, die
(differenzierten) Produkte seien überhaupt nicht mehr miteinander
vergleichbar.

Aus verschiedenen Untersuchungen geht hervor, daß Werbung (1)
zu einer massiven Verschwendung von Produktionsfaktoren führt,
(2) ständig das Einkommen der Konsumenten belastet und (3) systematisch ihre Wahlmöglichkeiten zwischen echten Alternativen zer-
stört[13]. Werbung ist nicht etwa nur ein unerwünschter Auswuchs des
Wirtschaftssystems, von dem man sich befreien könnte, wenn man nur
fest genug dazu entschlossen wäre. Werbung ist ein echtes Produkt des
Monopolkapitalismus, sie ist das unvermeidbare Nebenprodukt eines
nachlassenden Preiswettbewerbs. Werbung ist wie das Großunternehmen ein Grundpfeiler des Systems. Werbung bedeutet ökonomisch eine
Umverteilung der Konsumentenausgaben auf die verschiedenen Güter.
Noch wichtiger ist ihre Auswirkung auf die gesamtwirtschaftliche
Nachfrage – und damit auf Volkseinkommen und Beschäftigung (siehe
Band 2).

Die Profite werden von der Werbung zweifach berührt. Erstens
bringt sie den produktiven Arbeitern höhere Preise für Konsumgüter,
in denen sie *einen Teil* der Werbung und anderer Verkaufsaufwendun-
gen bezahlen. Ihre Reallöhne sinken um diesen Betrag, aber der Gesamtprofit der Wirtschaft bleibt durch die höheren Preise erhalten.

Der zweite Effekt ist komplizierter. In der Werbebranche entstehen
Löhne und für einige Kapitalisten Profite. Die Einkommen in der
Werbebranche sind für andere Kapitalisten Kosten. *Dieser Teil* der
Werbeaufwendungen steigert nicht den Gesamtprofit, sondern verteilt
ihn lediglich um. Einige Profitbezieher verlieren einen Teil ihres Einkommens, der anderen Profitbeziehern (vor allem in der Werbebranche)
zugute kommt.

Mit Werbung kann man die Nachfrage für ein Produkt *produzieren*.
Diese Nachfrage veranlaßt Investitionen, die sonst nicht vorgenommen
würden. Man kann nicht messen, wie Werbung auf die Verwendung
des Volkseinkommens auf Konsum bzw. Sparen wirkt, aber die Tendenz ist klar. Ihr Einfluß ist vermutlich sehr groß. Die wichtigste Funktion der Werbung besteht heute vielleicht darin, einen unbarmherzigen
Krieg gegen das Sparen und für den Konsum zu führen.

Die Konsumenten werden systematisch mit Neuheiten überschüttet.
Die meisten dieser Neuheiten sollen die Konsumenten in die Irre führen und haben selten etwas mit Zweck und Handlichkeit des Produkts
zu tun; oft sind solche »Neuheiten« sogar ein Rückschritt in dieser Be-

---

[13] Galbraith, op. cit., passim.

ziehung. Produkte werden auf den Markt geworfen, die völlig neu gestaltet, aber nicht zweckmäßiger als die alten sind. Der Unterschied zwischen neuen und alten Produkten kann von einer einfachen Pakkungsänderung bis zu kostspieligen jährlichen Modellwechseln in der Automobilindustrie reichen.

Die meisten Forschungs- und Entwicklungsprogramme, für die in den USA jährlich Milliardensummen ausgegeben werden, dienen eher der Entwicklung verkaufsfähiger Produkte als der vielgepriesenen Förderung von Wissenschaft und Technik. Hätte man z. B. ein Auto des Baujahres 1949 mit der Technologie von 1960 hergestellt, so hätten die Produktionskosten (ohne Monopolprofit und Händleraufschläge) 1960 weniger als $ 700 betragen; 1970 wäre die Produktion noch billiger gewesen. Folgt man dieser Berechnung, so hat allein der unnütze Modellwechsel in der Automobilindustrie etwa 2,5 % des Bruttosozialprodukts von 1960 ausgemacht. Monopolisten verschwenden so viel Zeit und Anstrengung mittelbar und unmittelbar auf den *Verkauf,* daß die Wachstumsrate der Volkswirtschaft einfach sinken *muß.*

Monopole vergeuden nicht nur riesige Mengen von Produktionsfaktoren, sie verursachen auch Luft- und Umweltverschmutzung in einem noch nie dagewesenen Ausmaß. Bei vollkommener Konkurrenz konnten Befürworter des kapitalistischen Systems geltend machen, daß die Konsumentenpräferenzen (-bedürfnisse) diktieren, was produziert wird. Umweltverschmutzung sei also nur ein unerwünschter Nebeneffekt der Nachfrage, der leicht durch kleinere staatliche Eingriffe zu beseitigen wäre. Im Monopolkapitalismus sind solche versöhnlichen Gedanken unhaltbar: Konsumentenpräferenzen werden offensichtlich manipuliert und auf die Produkte gelenkt, die den höchsten Profit bringen. Daher ist »Umweltzerstörung ... eine keineswegs ungewöhnliche Folge des Widerspruchs zwischen den Zielen einer produzierenden Unternehmung und denen der Öffentlichkeit«[14].

Monopole verursachen nicht nur Arbeitslosigkeit, Inflation, Verschwendung bei der Produktion ziviler Güter und Umweltverschmutzung. Man kann ihre volle Bedeutung erst ermessen, wenn man ihre politische Macht, ihre Neigung zum Militarismus, ihre internationale Verbreitung und ihre gesellschaftlichen Auswirkungen untersucht.

[14] J. K. Galbraith, Economics as a System of Belief, American Economic Review (Mai 1970), S. 477.

Zusammenfassung

Seit 1880 hat sich die amerikanische Volkswirtschaft in mehreren Konzentrationswellen von einer Konkurrenzwirtschaft mit vielen kleinen Industriebetrieben zu einer von gigantischen Großunternehmen beherrschten Wirtschaft gewandelt. In jeder Branche treffen drei oder vier Unternehmen die eigentlichen Entscheidungen über Mengen, Preise und Investitionen. Alle kleineren Firmen einer Branche stellen insgesamt nur einen kleinen Teil der Branchenproduktion her und erhalten einen noch geringeren Teil der Profite. Hohe Konzentration steigert Arbeitslosigkeit und verschärft konjunkturelle Schwankungen: (1) An die Wand gedrängt, müssen kleinere Unternehmen Arbeiter entlassen (was manchmal eine Depression auslöst); viele werden zahlungsunfähig und gehen in Konkurs (was sie intensiviert). (2) Um den Preis hochzuhalten, verringern Großunternehmen ihr Angebot und erhöhen so die Arbeitslosigkeit.

In der Hochkonjunktur setzen sie mit ihrer Marktmacht kräftige Preiserhöhungen durch und erzeugen Inflation, weil sie ihren Profit steigern wollen. Nach 1950 hatten sie sogar die Macht, selbst in Rezessionen die Preise zu erhöhen (aber nicht so stark wie im Aufschwung)[15]. Sie verschwenden in Werbefeldzügen ungeheure Mengen von Produktionsfaktoren für falsche oder irreführende Behauptungen. Schließlich tragen sie unabsehbar viel zur Verschmutzung von Luft, Wasser und Land bei. *Es bringt ihnen eben aber keinen Profit,* wenn sie ihre Produktion oder ihre Produkte (z. B. Autos) umweltfreundlicher gestalten.

---

[15] In Westdeutschland ist der Preisindex für die Lebenshaltung seit 1953 ununterbrochen gestiegen. Vgl. Sachverständigenrat zur Begutachtung der gesamtwirtschaftlichen Entwicklung, Jahresgutachten 1972 (Gleicher Rang für den Geldwert), Bundesratsdrucksache 612/72 (Bonn: Dezember 1972), VIII. Statistischer Anhang, Tabellenteil, Tabelle 98 (Preisindex für die Lebenshaltung [Alte Systematik]) (H. S.).

7. Chancengleichheit?

Ungleichheit ist das bestimmende Merkmal der amerikanischen Gesellschaft. So wie das Einkommen auf eine kleine – sehr kleine – Gruppe Reicher konzentriert ist (hauptsächlich Bezieher von Profiteinkommen) und ein großer Teil der Bevölkerung von niedrigen Einkommen leben muß (Lohnabhängige und Arbeitslose), so ist auch bei den Unternehmen die ökonomische Macht sehr ungleich verteilt (vgl. Kapitel 3 und 6). Es gibt eine kleine Anzahl riesiger Unternehmen und Millionen von Kleinbetrieben. Die Macht liegt eindeutig in den Händen von den relativ wenigen Eigentümern und Leitern der Großunternehmen.

Dieses Kapitel befaßt sich mit dem Zusammenhang zwischen wirtschaftlicher und politischer Macht. Zuerst untersuchen wir, wie ihnen ihre große wirtschaftliche Macht unverhältnismäßig viel politische Macht verleiht. Wir fragen dann, wie eine Regierung, die bei einer solchen Gesellschaftsstruktur zustande kommt, mit ihren Maßnahmen auf die Ungleichheit einwirkt (z. B. mit Steuerpolitik, Subventionen, Wettbewerbsgesetzen und Bildungspolitik). Die Auswirkungen der Regierungspolitik, insbesondere der Militärpolitik, auf Arbeitslosigkeit und Inflation bleiben dem 2. Band vorbehalten.

Wie ökonomische Ungleichheit zu politischer Ungleichheit führt

In einer politischen Demokratie – wie in den USA – hat das Geld ein wichtiges Wort mitzureden. Es kann also nicht überraschen, wenn viele – nicht nur kritische – Autoren behaupten, die Politik würde in den USA von denen gemacht, die über wirtschaftliche Macht verfügen. Präsident Woodrow Wilson schrieb während seiner Amtszeit: »Angenommen, man geht nach Washington und will mit seiner Regierung sprechen. Während man einem überall freundlich zuhört, stellt man aber immer wieder fest, daß nur mit denen wirklich gesprochen wird, die die höchsten Einsätze im Spiel haben – mit Bankiers, Industriemagnaten, mit den Großen des Handels, mit den Spitzen der Eisenbahn- und Schiffahrtsgesellschaften ... Die Herren des Kapitals und der Industrie sind in den USA auch die Herren der Regierung.«[1]

[1] W. Wilson, The New Freedom, New York 1914, S. 83.

Untermauern die Fakten Wilsons Ansicht? Ist es die große Anzahl der Werktätigen mit niedrigen Einkommen oder eine Handvoll Kapitalisten mit hohem Einkommen, die die Politik der Vereinigten Staaten bestimmt? Wir kennen die ökonomische Klassenstruktur; jetzt untersuchen wir das Klassenbewußtsein der Bevölkerung, denn von ihm hängt das politische Verhalten ab. Eine sorgfältige Studie aus dem Jahr 1964 kam zu dem Ergebnis, daß sich 56 % der Amerikaner zur »*working class*« zählten – im Gegensatz zu dem Mythos, daß die amerikanische Gesellschaft nur aus einer Mittelschicht besteht. 39 % ordneten sich der »*middle class*« zu. (Allerdings muß man der Wahrheit zuliebe anfügen, daß 35 % der Befragten noch niemals zuvor über ihren sozialen Status nachgedacht hatten.) Ein Prozent rechnete sich zur »*upper class*« (Oberschicht), und nur 2 % verwarfen den Versuch der Schichteneinteilung[2].

Politisches Verhalten hängt in hohem Maße von der Schichtzugehörigkeit ab. Eigentlich ist es aber ein Rätsel: Wenn sich die Mehrheit mit der »working class« identifiziert, warum gewinnen dann nicht Arbeiterparteien alle Wahlen? Warum verfolgt dann die Regierungspolitik nicht die Interessen der arbeitenden Bevölkerung, sondern die der reichen Kapitalisten (wie Woodrow Wilson behauptet)? Genauer: Wie wird aus der extremen wirtschaftlichen Ungleichheit in der formellen Demokratie eines kapitalistischen Systems politische Ungleichheit?

Wichtigste Ursache für die ungleiche Verteilung politischer Macht ist eine einfache Tatsache: Mit der Schichtzugehörigkeit schwankt die Anteilnahme am politischen Geschehen. »Der Durchschnittsbürger hat wenig Interesse am öffentlichen Geschehen; er verausgabt seine Energie in der Routine des täglichen Lebens – Essen, Schlafen, Familiengespräche, Lesen von Bildergeschichten (heute Fernsehen), Sex und Arbeit.«[3] 86 % derjenigen, die sich in einer anderen Untersuchung von 1964 zur »middle class« zählten, nehmen an Wahlen teil, aber nur 72 % der »working class«. Ähnlich: 40 % der »middle class« haben sich mit anderen über Parteien und Kandidaten unterhalten, aber nur 24 % der »working class«. 16 % der Angehörigen der »middle class« spendeten in dieser Befragung Geld für politische Zwecke, 14 % besuchten Wahlversammlungen und 8 % arbeiteten aktiv für eine Partei oder einen

---

[2] Diese Untersuchung wird dargestellt in M. Irish und J. Pronthro, The Politics of American Democracy, Englewood Cliffs, N. J. 1965, S. 38. Um dem Vorwurf zu entgehen, wir hätten eine tendenziöse Kritik verfaßt, haben wir alle Zahlenangaben dieses Abschnitts diesem weitverbreiteten, traditionellen Text entnommen. Irish und Pronthro beziehen sich in ihren Fußnoten wiederum auf bekannte, traditionelle Politologen.

[3] Ibid., S. 165.

Kandidaten; bei der »working class« beliefen sich die entsprechenden Prozentsätze auf 4 %, 5 % und 3 %[4].

Mit dem Einkommen wächst also jede Art politischen Engagements. Einige Gründe dafür sind offensichtlich: Arbeiter haben niedrigere Einkommen, weniger Freizeit, anstrengendere Arbeitsplätze und kaum Geld für mehr als die Grundbedürfnisse. Wie Einzeluntersuchungen zeigen, haben Arbeiter außerdem eine schlechtere Bildung, weniger Zugang zu Informationen und daher weniger Kenntnis von politischen Zusammenhängen; zusätzlich wird die Arbeiterschaft von mehreren Seiten her Zerreißproben ausgesetzt – sie läßt sich z. B. mühelos durch Rassengegensätze spalten und schwächen[5].

Ebenso besteht ein enger Zusammenhang zwischen der ungleich verteilten Kontrolle über die Nachrichtenmedien und der ungleichen Verteilung politischer Macht. Selbst wenn sich der Durchschnittsarbeiter »für Politik interessieren würde: Er hätte große Schwierigkeiten, sich ein zuverlässiges Bild vom politischen Geschehen zu machen. Politik spielt sich in zu großer Entfernung von ihm ab, als daß er sie unmittelbar beobachten könnte, und die Presse bietet ihm nur ein bruchstückhaftes und verzerrtes Bild«[6]. Auch die Menge politischer Information ist begrenzt. Zwar sind 80 % der Amerikaner Zeitungsleser und 88 % Besitzer eines Fernsehapparats, aber nur 2,8 % der Zeitungsfläche enthalten politische Nachrichten, und der Anteil politischer Sendungen an der Sendezeit im Fernsehen ist noch geringer[7].

Die Menge politischer Informationen ist schon bedauernswert klein; ihre Qualität ist aber unvorstellbar schlecht. Erstens sind die meisten auf eine einzige Meinung angewiesen, denn die Konzentration des Pressewesens nimmt laufend zu. 1910 hatten noch etwa 57 % der amerikanischen Großstädte konkurrierende Tageszeitungen, 1960 nur noch 4 %. Die meisten Nachrichtenmedien haben außerdem einen stark konservativen Einschlag, weil sie (1) nicht mit mächtigen Interessengruppen kollidieren und (2) ihre großen Anzeigengeber nicht verprellen wollen. Große Anzeigengeber sind vor allem Großunternehmen. Schließlich (3): »Da auch Nachrichtenmedien ein Geschäft sind, ist es eigentlich selbstverständlich, daß ihre Führungsspitzen auch die Meinungen und Einstellungen anderer Geschäftsleute teilen.«[8]

Die ungleiche Verteilung politischer Macht auf die verschiedenen Interessengruppen wird durch die ungleiche Verteilung ökonomischer Macht noch verschärft. Der politologische Standardtext, den wir hier

---

[4] Ibid., S. 38.
[5] Ibid., S. 193.
[6] Ibid., S. 165.
[7] Ibid., S. 183.
[8] Ibid., S. 184.

zugrunde legen, sieht im *Status* einer Interessengruppe den wichtigsten Faktor für ihren politischen Einfluß. Der Text analysiert verschiedene Bestimmungsgründe des Status und kommt zu folgendem Schluß: »Da in den Vereinigten Staaten Status so eng mit Geld verknüpft ist, verfügt eine Interessengruppe mit höherem Status fast automatisch auch über Mittel; und es kostet Geld, wenn man seine Interessen in der Politik vertreten will . . .«[9].

Ökonomische Macht fällt noch mehr ins Gewicht, weil die Werbung heute nicht mehr aus der Politik wegzudenken ist. ». . . Interessengruppen geben jetzt jährlich Millionen Dollars für *Massenpropaganda* aus. Nicht nur große Interessengruppen wie die National Association of Manufacturers (nationaler Industrieverband), auch einzelne Unternehmen unterhalten regelrechte Stäbe, um bei allgemeinen politischen Fragen die ›richtigen‹ Gedanken zu verbreiten und um in der Öffentlichkeit Wohlwollen für das Unternehmen zu werben.«[10]

Werbung und Öffentlichkeitsarbeit von Unternehmen unterstützen das Ethos des Kapitalismus: Man lebt in einem schönen Land, materieller Luxus stellt das höchste Glück auf Erden dar, jeder kann an ihm teilhaben. Ein Teil der Werbung von Unternehmen enthält Aussagen, die in ihrem Kern politisch sind; trotzdem ist es den Unternehmen gesetzlich erlaubt, *jede Art* von Werbung als Kosten von der Steuer abzusetzen. (Gewerkschaften kommen in den USA natürlich nicht in den Genuß von Steuervergünstigungen für politische Werbung.)

Ungleiche Verteilung wirtschaftlicher Macht bedeutet insbesondere auch eine ungleiche Verteilung des Einflusses auf politische Parteien, auf die Aufstellung von Kandidaten und auf den Wahlausgang. Die Oberschicht hat in den Vereinigten Staaten einen unverhältnismäßigen Einfluß auf den Wahlkampf. Zwei konservative Autoren bestätigen: »Je reicher man ist, um so günstiger ist die strategische Ausgangsposition, wenn man auf Politiker Druck ausüben will, denn Wahlkämpfe sind außerordentlich kostspielig.«[11]

In den fünfziger Jahren gab ein Kongreßkandidat zwischen $ 15 000 und $ 25 000 aus; 1970 waren es bei vielen über $ 100 000. Der Wahlkampf eines Senatskandidaten kostete in den fünfziger Jahren bis zu einer halben Million Dollar; 1970 wendeten die drei Kandidaten in New York zusammen etwa $ 5 Millionen auf. Präsidentschaftswahlen erfordern schon astronomische Summen: Edmund Muskie (Bewerber um die demokratische Präsidentschaftskandidatur – H. S.) rechnete *allein mit $ 12 Millionen für die Vorwahlen* (primaries).

[9] Ibid., S. 245.
[10] Ibid., S. 249.
[11] R. Dahl und Ch. Lindblohm, Politics, Economics, and Welfare, New York 1953, S. 313.

Präsident Nixon gab 1968 im Wahlkampf schätzungsweise $ 29 Millionen aus und veranschlagte für den Wahlkampf 1972 $ 40 Millionen. Die Gesamtausgaben der beiden kapitalistischen Parteien in den USA sind auf allen Ebenen rapide gestiegen: Die zuverlässigsten Schätzungen nennen für 1952 $ 140 Millionen, $ 155 Millionen für 1956, $ 175 Millionen für 1960, $ 200 Millionen für 1964 und $ 300 Millionen für 1968[12].

Geld ist für die Wahlen noch wichtiger geworden, seit Politiker professionelle Public-Relations-Firmen mit ihren Wahlkampagnen beauftragen. Welche Firma sich ein Kandidat leisten kann und wieviel sie für ihn tut, hängt vor allem davon ab, wieviel Geld er ausgeben will – und kann[13].

Ein wichtiger Einfluß geht auch von den privaten Stiftungen aus, die Bildung und Forschung finanziell fördern. Wenn ein reicher Geschäftsmann eine Stiftung gründet, so hat er natürlich eine gewisse Kontrolle darüber, wofür sie das Geld ausgibt. Viele dieser Stiftungen werden von der Regierung unterstützt, und viele sind eng mit Nachrichtendiensten und Geheimdiensten verbunden.

Da die Oberschicht unverhältnismäßig viel politische Macht hat, kann sie natürlich auch die Regierung dazu bewegen, ihre Macht noch weiter auszubauen. Wir werden weiter unten untersuchen, wie sich diese Verflechtung auf die politische und wirtschaftliche Struktur auswirkt; sie betrifft unter anderem das Bildungssystem, die Polizei, Armee und Nachrichtendienste, ja selbst die Regierungserklärungen des Präsidenten. Auch sollte man nicht übersehen, welcher Einfluß von der Kontrolle über Arbeitsplätze in Staat und Wirtschaft auf das politische Verhalten ausgeht.

Verflechtung von Wirtschaft und Politik

Die Oberschicht ist bei den politischen Spitzenpositionen überrepräsentiert. Zwischen 1789 und 1932 waren 38 % der Väter von Präsidenten und Vizepräsidenten Angehörige der freien Berufe, 20 % Unternehmer und Beamte, 38 % selbständige Bauern und nur 4 % Lohn- oder Gehaltsbezieher. Zwischen 1947 und 1951 waren 22 % der Väter von US-Senatoren Angehörige freier Berufe, 33 % Unternehmer und Beamte, 40 % selbständige Bauern und nur 4 % Lohn- und Gehaltsbezieher. Die Väter der Kongreßabgeordneten waren (1941–1943) zu

---

[12] Diese Daten werden dargestellt und erörtert in: M. Cummings und D. Wise, Democracy Under Pressure, New York 1971, S. 304 f.
[13] Vgl. Irish und Pronthro, op. cit., S. 257–266.

31 % Angehörige der freien Berufe, zu 31 % Unternehmer und Beamte, zu 29 % selbständige Bauern und zu nur 9 % Lohn- und Gehaltsbezieher[14].

1970 hatten drei Fünftel (266 von 435) der Kongreßabgeordneten neben den Abgeordnetendiäten noch andere Einkünfte von mehr als $ 5000 jährlich[15]. Das ist vermutlich noch zu niedrig gegriffen, denn das Einkommen ihrer Frauen und Kinder wurde nicht erfaßt. Um jährlich aus Aktien und festverzinslichen Wertpapieren $ 5000 zu beziehen, muß man mindestens $ 70 000 bis $ 80 000 anlegen. Die Abgeordneten brauchten nicht ihren Aktienbesitz offenzulegen, einige taten es aber freiwillig: Im Kongreß sitzen sehr reiche Leute, mit Vermögen von mehreren zehntausend Dollar bis zu den knapp $ 3 000 000 des Abgeordneten Pierre DuPont.

Woher kommt dieser Reichtum? Insgesamt besaßen 102 Abgeordnete Aktien oder hatten bei Banken und anderen Finanzinstituten lukrative Führungspositionen. 81 bezogen regelmäßige Einkünfte aus Anwaltsbüros, die gewöhnlich für Großunternehmen arbeiten; 63 aus Aktien großer Unternehmen der Rüstungsindustrie, 45 aus Aktien der (staatlich beaufsichtigten) Erdöl- und Erdgasindustrie, 22 aus Rundfunk- und Fernsehgesellschaften, 11 aus Fluggesellschaften und 9 aus Eisenbahnunternehmen. Achtundneunzig Kongreßmitglieder profitierten bei der Veräußerung von Vermögensteilen an Wertsteigerungen. Jeder verdiente damit über $ 5000 (und manche bis zu $ 35 000).

Jede wichtige Position in der Exekutive (mit Ausnahme des Präsidenten- und Vizepräsidentenamts) wurde während der ganzen US-Geschichte meistens von den unternehmerfreundlichen Mitgliedern der obersten Einkommensgruppen eingenommen. Das gilt für Kabinettsmitglieder, Staatssekretäre, Ressortleiter und die Leiter der meisten Aufsichtsbehörden. Sie neigen ganz von selbst dazu, sich von Wirtschafts- und Verbandsvertretern als Experten beraten zu lassen. Reiche Familien haben auch die Mehrheit der Bundesrichter, der obersten Militärs und der Leiter der Nachrichtendienste gestellt; außerdem werden Generale oft leitende Angestellte, und leitende Angestellte werden oft Kabinettsmitglieder.

Natürlich würde kein ernstzunehmender Systemkritiker die These von der Herrschaft des Kapitals über die Regierung so pauschal wie Präsident Wilson in seiner Verärgerung formulieren. Im Kongreß gibt es zweifellos viele reiche Leute, aber immerhin weniger als im Kabinett oder sonst in der Exekutive. Die Reichen haben sicher großen Einfluß

---

[14] Ibid., S. 39.
[15] Alle diese Zahlen aus Angaben an das House Committee on Standards of Official Conduct (April 1971). Diskussion in: Los Angeles Times (vom 24. Mai 1971), Teil I, S. 12.

auf die Exekutive von Bundesstaaten und der Kommunen, aber sie haben nicht die ausschließliche Kontrolle. Auch die Mitglieder der Kapitalistenklasse in den hohen Staatspositionen haben unterschiedliche Meinungen, erkennen nicht immer ihre eigene Interessenlage und verfolgen nicht unbedingt die gleichen Ziele (z. B. als Vertreter verschiedener Branchen). Die Kapitalistenklasse ist also keineswegs eine unverbrüchliche Gemeinschaft; sie herrscht mit wechselnden Koalitionen, einmal liberal, einmal konservativ. Manchmal schließt sich auch die arbeitende Bevölkerung zusammen. Die große Anzahl der Bauern, Arbeiter, Angestellten und Werktätigen mit akademischer Ausbildung hat dann einmal mehr als das Geld in der Politik zu sagen. Diese Gruppe kann Druck ausüben, eigene Vertreter wählen und hin und wieder sogar bei manchen Entscheidungen die Oberhand behalten.

Staatliche Politik und wirtschaftliche Ungleichheit

Jeder weiß, welche Ungleichheit in den USA besteht. Die Liberalen meinen aber, man könne die Konzentration von Einkommen und Macht durch eine höhere Besteuerung der Reichen, Sozialleistungen, Subventionen, öffentliche Bildungseinrichtungen und Wettbewerbsgesetze abbauen. Radikale Kritiker glauben dagegen, daß keine dieser Maßnahmen so wirkungsvoll ist, wie die Liberalen meinen. Wir werden daher jede dieser Maßnahmen einzeln untersuchen.

Höhere Besteuerung der Reichen

Zweifellos steigt mit dem Einkommen der Steuersatz (Anteil der Steuern am Bruttoeinkommen). Ein Mitglied der oberen Einkommensklassen muß also theoretisch nicht nur *absolut* mehr Steuern zahlen, es muß auch einen *größeren Teil* seines Einkommens an Steuern zahlen. Der theoretische Steuersatz für Einkommen über $ 1 Million scheint in der Tat den größten Teil des (Brutto-)Einkommens an das Finanzamt abzuführen.

Die Reichen finden in Wirklichkeit viele Steuerumgehungsmöglichkeiten. 1932 betrug der Spitzensteuersatz in den USA 54 %; selbst die reichsten Steuerpflichtigen zahlten effektiv nur 47 %[16]. 1957 betrug der Spitzensteuersatz in den USA scheinbar konfiskatorische 91 %, aber

---

[16] Siehe, auch zum folgenden, G. Kolko, Wealth and Power in America, op. cit., Kapitel 2.

die Steuerpflichtigen dieser Einkommensgruppe führten effektiv nur 52 % an den Staat ab[17].

Ein Schlupfloch im Steuersystem sind die *Veräußerungsgewinne* (realisierte Wertsteigerungen). Verkauft man einen Vermögensgegenstand zu einem höheren Preis, als man ihn gekauft hat, so erzielt man einen Veräußerungsgewinn (capital gain). Sie werden in den USA mit höchstens 25 % versteuert, wenn man den Vermögensgegenstand mindestens 6 Monate besessen hat[18]. Für solche Einkünfte stehen die 91 % also lediglich auf dem Papier. 1957 bestanden die Einkommen über $ 100 000 zu 20 % aus derartigen Veräußerungsgewinnen. Aber diese (völlig legale) Steuerumgehungsmöglichkeit spart weniger Wohlhabenden kaum Steuern: In der Einkommensklasse von $ 3500 bis $ 4000 beliefen sich die realisierten Wertsteigerungen auf nur 0,3 % der Einkommen.

Ein anderes großes Schlupfloch sind *steuerfreie Anleihen*. (In den USA dürfen die Bundesstaaten nicht die Zinserträge von Bundesanleihen besteuern, und weder Bundesstaaten noch die Bundesregierung darf die Zinsen von Kommunalanleihen besteuern.) Um aus Anleihen größere Erträge zu erzielen, muß man schon erhebliche Summen anlegen. Diese Anleihen werden gewöhnlich in so großer Stückelung[19] angeboten, daß nur Reiche sie sich leisten können.

Über die Wirkung dieser Schlupflöcher gibt es einige aufschlußreiche statistische Angaben: 1965 gab es einen Steuerpflichtigen mit einem Einkommen von $ 20 Millionen, der aber keinerlei Steuern zahlte; 1959 hatten 5 Amerikaner Einkommen von mehr als $ 5 Millionen, zahlten aber ebenfalls keine Steuern. 1961 hatten 17 Amerikaner mehr als $ 1 Million Einkommen, von denen wieder keiner Steuern zahlte. Schließlich hatte ein Steuer»zahler« seit 1949 jährlich ein Einkommen von mehr als $ 2 Millionen, ohne jemals Steuern zu zahlen. Die Anzahl der Millionäre, die keine Steuern zahlen, hat in den letzten Jahren ständig zugenommen. Man hat die jährlichen Einnahmenverluste, die allein durch die Schlupflöcher der Einkommensteuergesetzgebung entstehen, auf $ *40 Milliarden* geschätzt.

---

[17] »In der obersten Einkommensgruppe – in der Hauptsache im Millionenbereich – nehmen die Abzüge, die die Steuerbemessungsgrundlage schmälern, dagegen sprunghaft zu, und zwar nicht nur absolut, sondern auch relativ« – Willi Albers, Das deutsche Steuersystem in der Diskussion, Wirtschaftswoche 27/1971, S. 34 (H. S.).

[18] Das Steuerrecht in Westdeutschland ist nicht anders: Allerdings unterliegen hier die realisierten Wertsteigerungen u. U. überhaupt keiner Besteuerung (der berüchtigte § 6 b des Einkommensteuergesetzes). Die Verkaufsfristen betragen im allgemeinen auch 6 Monate, bei Boden 2 Jahre (H. S.).

[19] Stückelung bezeichnet (grob) die Mindestbeträge, die man für den Kauf anlegen muß (H. S.).

Die Reichen, deren Einkommen meistens aus Profit besteht, können viele Schlupflöcher ausnutzen; der durchschnittliche Arbeiter mit Lohneinkommen hat nichts dergleichen. Folglich gibt es nur eine überaus schwache Umverteilung durch die Einkommensteuer. Die Daten für 1962 zeigen, daß in den USA das reichste Fünftel (d. h. die oberen 20 %) der Bevölkerung 45,5 % aller Einkommen vor Steuern bezog[20]. Ihr Anteil hatte sich nach Steuerabzug um lediglich 1,8 % verringert! Der Anteil der ärmsten 20 % der Bevölkerung hatte sich um 0,3 %, der des zweiten Fünftels um 0,6 % und der des dritten Fünftels um 0,6 % erhöht. Der Anteil der obersten 20 % der Bevölkerung am gesamten Nettoeinkommen (d. h. nach Abzug der Steuern) war also immer noch größer als die Anteile der unteren 60 % *zusammen*.

Die Bundeseinkommensteuer macht nur 40 % des gesamten Steueraufkommens aus. Sie ist die einzige Steuer, die wenigstens in gewissen Grenzen progressiv gestaltet ist. (Eine Steuer ist *progressiv*, wenn sie die höheren Einkommensgruppen stärker belastet, d. h., wenn mit steigendem Einkommen auch der *Anteil* der Steuer am Einkommen wächst.) Die restlichen 60 % des Steueraufkommens kommen aus Steuern, die nach Ansicht der meisten Steuerexperten *regressiv* wirken. (Regressive Steuern belasten die unteren Einkommensgruppen stärker als die oberen.) »Der Schluß liegt nahe, daß andere Steuern als die persönliche Einkommensteuer die Einkommensungleichheit nicht vermindern, sondern verstärken.«[21]

Aus welchen anderen Steuern setzen sich die Steuereinnahmen zusammen? Etwas weniger als 30 % des Steueraufkommens entfällt auf die Körperschaftsteuern (»Einkommensteuer juristischer Personen«). In Wirklichkeit zahlen die Kapitalgesellschaften nicht die Körperschaftsteuern aus ihren Profiten, im Gegenteil: Unternehmen betrachten die Körperschaftsteuer als einen Kostenbestandteil, den sie mit höheren Preisen auf die Konsumenten überwälzen. Die Experten streiten sich heftig darüber, wieviel die Unternehmen auf die Verbraucher überwälzen. Immerhin beeinflussen auch starke Änderungen des Steuersatzes die Profite *nach* Steuern – wenn überhaupt – nicht erheblich.

Etwas mehr als 30 % des Steueraufkommens entfällt auf örtliche Steuern und Steuern der Bundesstaaten (wie die Verkaufsteuer – *sales tax*). Diese Steuern belasten niedrigere Einkommen prozentual sehr viel stärker als hohe Einkommen. Eine Steuer auf Benzin oder Telefonbenutzung trifft fast jeden; folglich muß (bei gleichen Mengen) ein Armer einen größeren Teil seines Einkommens für die Steuer aufwen-

[20] Daten aus: E. C. Budd, Inequality and Poverty, New York 1967, S. 13 und 16.
[21] F. Ackerman, H. Birnbaum und A. Zimbalist, Income Distribution in the United States, Review of Radical Political Economy (1971), S. 24.

den. Die niedrigste Einkommensgruppe (\$ 0 bis \$ 2000) zahlte
1958 insgesamt 11,8 % ihres Einkommens in Form von Steuern
an Bundesstaaten und Gemeinden. Aber: Je höher das Einkommen,
desto niedriger der Anteil dieser Steuern. Die nächsthöhere Einkommensgruppe (\$ 2000 – \$ 4000) zahlte 9,4 %, die folgende
(\$ 4000 – \$ 6000) 8,5 %, dann 7,7 % (\$ 6000 – \$ 8000), 7,2 %
(\$ 8000 – \$ 10 000), 6,5 % (\$ 10 000 – \$ 15 000); bei Einkommen
über \$ 15 000 waren es nur noch 5,9 %[22]. Mit wachsendem Einkom-
men *sinkt* also die durchschnittliche Steuerbelastung durch Staaten und
Gemeinden (Regressionswirkung).

Es heißt, die Erbschaftsbesteuerung würde Vermögen umverteilen.
Doch die Sätze der Erbschaftsteuer sind nicht sehr hoch, und die Gesetzgebung weist zahlreiche Schlupflöcher auf. Man kann z. B. zu Leb-
zeiten große Vermögensteile verschenken. Schenkungen sind großenteils völlig steuerfrei oder werden nur mäßig besteuert. Erbschaften
werden auch gerne in *trusts* (Treuhandgesellschaft für die Verwaltung
von Privatvermögen) eingebracht. Die Erben beziehen dann sofort das
Einkommen aus dem Vermögen, können aber erst nach Ablauf einer
gewissen Zeit über das Vermögen selbst verfügen. Mit solchen trusts
kann man schätzungsweise bis zu 70 % der Erbschaftsteuern sparen[23].

Schließlich müssen die Arbeiter in Form von *Zwangsbeiträgen für
die Sozialversicherung* erhebliche Steuern zahlen, die ebenfalls regressiv wirken.

Soziale Sicherung

Absolute Armut ist nach Ansicht der Liberalen das einzige echte Problem. Sie ignorieren dabei, daß eine extrem ungleiche Einkommensverteilung *relative Armut* schafft. Wenn eine wachsende Anzahl steigende
Sozialleistungen erhält, so würde sich nach ihrer Ansicht das Problem
der absoluten Armut bald von selbst lösen. Man kann Armut aber nicht
einfach als ein Einkommen von weniger als \$ 3000 jährlich definieren.
Man muß Armut im Hinblick auf die Gesellschaft definieren, in der
jemand lebt: Das ist der *relative Armutsbegriff*. Z. B. hat die Bevölkerung Indiens ein Durchschnittseinkommen von \$ 100; wenn dort

---

[22] Alle Angaben aus Kolko, op. cit.

[23] Im deutschen Steuerrecht ist die Schenkungsteuer wie die Erbschaftssteuer
ausgestaltet, so daß diese Umgehungsmöglichkeit entfällt. Ebenso gibt es
nichts, was man unmittelbar mit den trusts vergleichen könnte. Eine Steuer-
sparmöglichkeit ist hier die Stiftung, in der ein Vermögen völlig verselbstän-
digt wird. Eine solche Stiftung wird dann gewöhnlich von den Nachkommen
kontrolliert. Ein Unternehmen gehört dann z. B. nicht den Erben direkt, sondern der Stiftung, die wiederum die Erben kontrollieren (H. S.).

jemand jährlich $ 3000 verdient, so ist er – für Indien – reich. Eine Familie, die in den USA weniger als $ 3000 hat, kann jedoch weder die physischen noch die kulturellen Mindestbedürfnisse decken. Wenn also jemand in einer Überflußgesellschaft (wie in den USA) $ 3000 verdient, so lebt er immer noch in relativer Armut. »Entwürdigende und erniedrigende Armut wird es so lange geben, wie es eine ungleiche Einkommensverteilung gibt.«[24]

Das Steuersystem verändert kaum die Einkommensverteilung; was leistet die Sozialpolitik in dieser Beziehung? Sozialausgaben sind in den USA niemals hoch gewesen. 1968 beliefen sich die Sozialausgaben aller Ebenen (Bund, Staaten, Gemeinden) auf $ 26,9 Mrd. Dazu gehört die öffentliche Fürsorge, Zahlungen aus der Unfallversicherung, Arbeitslosenunterstützung, Gesundheitswesen und medizinische Hilfsprogramme, öffentliche Wohnraumbeschaffung und Ausbildungsbeihilfen für Studenten mit niedrigem Einkommen. Diese Maßnahmen helfen den Armen ein wenig. Ihr Effekt ist aber nicht allzu groß, wenn man ihn daran mißt, ob sich die relative Stellung der ärmsten bzw. reichsten Bevölkerungsteile verschiebt.

Diese 26,9 Mrd. Dollar machten 1968 nur 3,82 % der persönlichen Einkommen (personal income) aus[25]. Daher hat sich zwar die Lage von einigen wenigen verbessert, aber die Situation hat sich insgesamt dadurch nicht verändert.

Wie haben sich die Sozialausgaben im Lauf der Zeit entwickelt? 1938 bestanden 6,7 % des persönlichen Einkommens aus Sozialleistungen, 1950 nur noch 3,86 %, 1960 3,31 %. 1968 erreichte der Anteil der Sozialausgaben 3,82 %, d. h. gerade das Niveau von 1950 und nicht viel mehr als die Hälfte des Niveaus von 1938. Sozialausgaben sind nicht nur ein kleiner Teil des persönlichen Einkommens, ihre Bedeutung hat auch in den letzten 30 Jahren trotz zahlreicher vielgepriesener Programme abgenommen. Und selbst diese niedrigen Zahlen müssen noch weiter eingeschränkt werden: Von den 3,82 % geht nicht alles an die ärmsten Schichten, denn Ausgaben für Schulmahlzeiten oder Stipendien begünstigen ebenso Kinder aus der »middle class«[26].

---

[24] Richard Edwards, Who Fares Well in the Welfare State, in: R. Edwards, M. Reich und T. Weisskopf (Hrsg.), The Capitalist System, New York 1972, S. 244.
[25] Es gibt keine entsprechende statistische Größe in der deutschen Sozialproduktsberechnung. »personal income« bezeichnet – grob gesagt – das gesamte Bruttoeinkommen der privaten Haushalte (jedoch ohne Beiträge zur Sozialversicherung). Zur Sozialproduktsberechnung siehe im übrigen Band 2 (H. S.).
[26] Diese Ausführungen können nicht auf Europa übertragen werden. Nach der Abgrenzung des Statistischen Amts der Europäischen Gemeinschaften betrug 1970 der Anteil der Sozialleistungen am Bruttosozialprodukt in der BRD 19,9 %; würde man die Sozialleistungen auf das »personal income« beziehen,

Die unteren Einkommensschichten zahlen außerdem Steuern, d. h. sie finanzieren selber einen Teil der Sozialausgaben. Die *Netto*leistungen sind also noch niedriger. Man schätzt, daß die unteren 40 % der Bevölkerung (Einkommen unter $ 7500) etwa $ 6 Mrd. durch Steuern zum Sozialhaushalt beigetragen haben. Diese Schätzung geht davon aus, daß nur die unteren 40 % der Bevölkerung durch die Sozialleistungen begünstigt werden und daß sich die Steuerlast gleichmäßig auf die gesamte Bevölkerung verteilt, d. h. daß die Steuern nicht regressiv wirken (was aber für das Steuersystem als Ganzes gut gelten kann). Unter diesen Annahmen beträgt der Wert der erhaltenen Nettoleistungen nicht $ 26,9 Mrd., sondern nur $ 20,9 Mrd. (also $ 6 Mrd. weniger). Die Sozialleistungen sind also noch geringer, als es zuerst den Anschein hat; es ist nicht erstaunlich, wenn das Steuer- und Sozialsystem der USA zu keiner nennenswerten Einkommensumverteilung geführt hat.

Auch in Westeuropa findet sich das gleiche Bild: Die Einkommensverteilung ist seit Jahrzehnten praktisch unverändert. Ein Bericht der Vereinten Nationen sagt über Westeuropa: »Gemessen am relativen Einkommen haben staatliche Maßnahmen das grundlegende Bild der Einkommensverteilung für die große Mehrzahl der Haushalte nicht zu ändern vermocht.«[27]

Die sozialen und ökonomischen Bedingungen einer Privatwirtschaft führen dazu, daß man nur noch dann arbeitet, wenn man arbeiten muß. Das ist das eigentliche Problem, denn man kann in einem derartigen System den Arbeitsanreiz nur dadurch erhalten, daß man für verschiedene Arbeiten extrem unterschiedliche Einkommen vergütet. Man brauchte ein ganz anderes Erziehungssystem und eine völlig andere Öffentlichkeitsbeeinflussung, um diese Einstellung zu ändern. Die amerikanische Sozialpolitik ist daher sorgfältig darauf abgestimmt, nur denen Hilfe zu leisten, die nicht arbeiten: Kindern, Alten, Blinden. Wer hart arbeitet, aber schlecht bezahlt wird, erhält keinerlei Sozialeinkommen (das betrifft etwa die Hälfte derjenigen mit Einkommen unter $ 3000). Sozialeinkommen würden nämlich den »Arbeitsanreiz« für die schlechtbezahlten Arbeiter verringern. Einige Programme sorgen dafür, daß sie bei leidlicher Gesundheit bleiben und gerade so viel Ausbildung erhalten, wie für ihre Arbeit nötig ist. Eine solche Sozialpolitik erniedrigt Sozialleistungsempfänger: Um die arbeitenden Armen zu noch größerem Einsatz anzuspornen, hält man die Wohl-

so würden sie sich gut und gerne auf 25–30 % belaufen. Vgl. Bundesminister für Arbeit und Sozialordnung (Hrsg.), Sozialbericht 1972, Bonn 1971, S. 145 (H. S.).
[27] U.N. Economic Commission of Europe, Incomes in Postwar Europe: A Study of Policies, Growth, and Distribution, Genf 1957, S. 1–15.

fahrtsempfänger in einem so dürftigen Zustand, daß sie lieber arbeiten würden – bei noch so niedriger Bezahlung und noch so schlechten Arbeitsbedingungen.

Die Almosen für Wohlfahrtsempfänger sind selbst für die Sicherung der nackten Existenz völlig unzureichend. Für diese lächerliche Summe handeln sie außerdem den Verlust vieler Bürgerrechte ein, die doch angeblich jedem zustehen. Wenn eine alleinstehende Mutter ihre Familie mit Unterstützungen der Wohlfahrt über Wasser hält, so muß sie den Angehörigen der Sozialbehörden gestatten, ihre Wohnung zu durchsuchen, und sie muß sich von ihnen ausquetschen lassen, ob ihr Lebenswandel auch anständig und schicklich ist. Fürsorgeempfänger werden auch auf viele andere Weisen erniedrigt. Der Gedanke, man könne mit solchen »Hilfsmaßnahmen« jemals die Armut beseitigen, ist einfach absurd.

Subventionen für die Landwirtschaft

Die Armen unter der Landbevölkerung leiden unter der drückendsten Armut; die Einkommen kleiner Landwirte und armer Landarbeiter sind meistens hinter der Einkommensentwicklung anderer Sektoren zurückgeblieben. Liberale überzeugten daher verschiedentlich den Kongreß, Gesetze mit Hilfsmaßnahmen für die Landwirtschaft zu verabschieden. Wie haben sich diese Programme ausgewirkt?

Erstens sollte man die hohe Konzentration in der Landwirtschaft beachten. Zur Zeit stellen die reichsten 10 % der landwirtschaftlichen Betriebe über 50 % der Agrarproduktion her, die ärmsten 50 % der Betriebe dagegen nur 5 %.

Zweitens unterstützen diese Hilfsprogramme hauptsächlich die reichen Bauern und nützen den armen kaum. Zwischen 1963 und 1965 erhielten die ärmsten 20 % der Bauern (gemessen am Einkommen vor Subventionen) nur 1 % der Subventionen für Rohrzucker, Reis und Futtermittel; 3 % der Subventionen für Weizen, 4 % bei Erdnüssen und Tabak und 5 % bei Zuckerrüben. Dagegen vereinnahmt das oberste Fünftel: 83 % der Rohrzuckersubventionen, 69 % der Baumwollsubventionen, 65 % bei Reis, 62 % bei Weizen, 65 % bei Futtermitteln, 57 % bei Erdnüssen, 53 % bei Tabak und 51 % bei Zuckerrüben[28].

Drittens scheinen die Hilfsprogramme im Endeffekt den Anteil der Reichen am Gesamteinkommen der Landwirtschaft zu erhöhen und den der Armen zu vermindern. Jedenfalls hatten 1963 die untersten

[28] Alle Zahlenangaben aus James Bonnen, The Effect of Taxes and Government Spending on Inequality, in: The Capitalist System, S. 235–243.

20 % der Landwirte nur 3,2 % des Gesamteinkommens der Landwirtschaft, die obersten 20 % der Bauern 50,5 %; nach den zitierten Zahlenangaben erhält das unterste Fünftel weniger als 3,2 % der Subventionen, das oberste Fünftel dagegen mehr als 50,5 % der Subventionen. Nicht nur der größte Teil der Subventionen geht an die Reichsten, ihr Anteil an den Subventionen ist sogar höher als ihr Anteil am Einkommen der Landwirtschaft! Eine solche Subventionspolitik macht die Einkommensverteilung des Agrarsektors noch ungleichmäßiger, als sie es ohnehin schon ist. Solche Programme wirken vermutlich regressiv, d. h. sie verteilen Einkommen in die falsche Richtung um: »Der Endeffekt dieser Programme mag weniger – oder eher: noch – regressiver sein, als es die Zahlen nahelegen; die Richtung ist jedenfalls eindeutig.«[29]

Bisher haben wir nur erörtert, wie sich diese Programme auf die selbständigen Landwirte auswirken. Sie sind aber noch aus einem vierten Grund problematisch: Die Landarbeiter, die nichts außer ihrer Arbeitskraft besitzen, gehen leer aus. Die beiden wichtigsten Programme garantieren den *Eigentümern* landwirtschaftlicher Betriebe (vor allem den reichsten) (1) kostendeckende Mindestpreise und (2) Prämien, wenn sie Nutzfläche brach liegen lassen. (Diese Prämien sollen das Angebot an Agrarprodukten verringern.) Die Landarbeiter erhalten von diesen Programmen *keinen Cent.* »Der Staat vergütet es den *Eigentümern,* wenn sie nichts produzieren; die Landarbeiter, die wegen dieser Unterstützungen für die Landeigentümer ihre Arbeit verlieren, gehen leer aus.«[30]

Dieses Resultat – den Großgrundbesitzern wird tatkräftig, den kleinen Bauern ein wenig und den Landarbeitern überhaupt nicht geholfen – kann kaum überraschen. Es ist die logische Konsequenz eines Prinzips, das in der gesamten Entwicklung der USA anzutreffen ist: Die Großen wurden schon immer mit staatlichen Subventionen bedacht. So übernahm die Regierung z. B. drei Viertel der gesamten Baukosten für die Eisenbahnen (in den USA privat) und stellte den Eisenbahngesellschaften riesige Landflächen zur Verfügung.

Bildungssystem und Ungleichheit

Das mit öffentlichen Geldern subventionierte Bildungssystem wird oft für *die* Waffe im Kampf gegen die ungleichmäßige Einkommensverteilung angesehen. »Der Staat gewährt allen die Ausbildung kostenlos,

[29] Ibid., S. 242.
[30] H. Wachtel, Looking at Poverty from a Radical Perspective, Review of Radical Political Economics, (1971), S. 12.

daher kann jeder seine Stellung im Leben verbessern, wenn er länger zur Schule geht« – so heißt es.

Zwischen Ausbildungsdauer und Einkommensniveau besteht ein eindeutiger, positiver Zusammenhang. Mit acht Jahren Schulbesuch hatte man 1968 im Durchschnitt ein Einkommen von $ 6000[31]; Absolventen der High School (weiterführende Schule, Voraussetzung für die Universität) erzielten durchschnittlich $ 8300 und Hochschulabsolventen $ 11 800. Bessere Ausbildung ist zum Teil *Ursache* für bessere – und besser bezahlte – Arbeitsplätze. Zum Teil ist bessere Ausbildung aber auch *Wirkung* höherer Einkommen. (Kinder reicher Eltern können u. U. schon allein deshalb gutbezahlte Stellen erhalten, weil ihre Väter entsprechenden Einfluß haben.)

Tatsache ist, daß Kinder aus Familien mit hohen Einkommen in den USA (und nicht nur dort) eine bessere Ausbildung als Kinder aus Familien mit niedrigen Einkommen erhalten. Man kann das einer Untersuchung entnehmen, die die High School-Absolventen des Jahrgangs 1966 nach dem Einkommen ihrer Familien von 1965 einteilte. Von den Absolventen, deren Eltern 1965 ein Einkommen von weniger als $ 3000 hatten, begannen nur 20 % 1967 ein Studium; bei Familien mit Einkommen zwischen $ 3000 und $ 4000 waren es dagegen 32 % der Absolventen, bei $ 4000 – $ 6000 37 %, bei $ 6000 – $ 7000 41 %, bei $ 7000 – $ 10 000 51 % und bei $ 10 000 – $ 15 000 61 %. Bei Familien mit Einkommen über $ 15 000 waren es sogar 87 %. Je höher also das Einkommen der Eltern, desto größer ist auch die Chance der Kinder, die Universität zu besuchen.

Kinder reicher Eltern erhalten vor allem deshalb eine bessere Ausbildung, weil ihre Eltern es sich eher leisten können, sie länger zur Schule zu schicken. Reiche Eltern können sich die hohen Schulgebühren privater Schulen leisten, bei denen man auch noch mit schlechten Notendurchschnitten angenommen wird. Studiert man an öffentlichen Universitäten, wo die Gebühren sehr viel niedriger sind oder ganz wegfallen, so muß man immer noch den Lebensunterhalt bestreiten. Viele Studenten müssen deshalb ihr Studium abbrechen oder können sich erst gar nicht immatrikulieren.

Kinder aus wohlhabenden Familien haben bessere Aussichten, in der Schule mit guten Leistungen zu glänzen und mehr zu lernen. Sie haben bessere Arbeitsmöglichkeiten zu Hause und wachsen in einer Umgebung auf, die aus ihnen mit hoher Wahrscheinlichkeit leistungsmotivierte Kinder macht. Sie wissen, wie man in Schule und Universität arbeitet. Der soziologische Hintergrund entscheidet außerdem über das Ab-

[31] Alle Zahlenangaben dieses Abschnitts aus: F. Ackerman, H. Birnbaum, J. Wetzler und A. Zimbalist, Income Distribution in the United States, op. cit.

schneiden bei Intelligenztests und Aufnahmeprüfungen. Solche Prüfungen sollen angeblich Aufschluß über die Fähigkeiten eines Kindes geben; in Wirklichkeit sind sie auf das Erfahrungsgebiet des weißen Großstadtkindes aus der »middle class« abgestimmt. Wer in einer armen, einer schwarzen oder ländlichen Familie aufgewachsen ist, dem werden die entsprechenden Beziehungspunkte bei seiner sozio-kulturellen Lebenserfahrung fehlen. Er kann die Fragen eines solchen Tests weder verstehen noch beantworten. Dieser Zusammenhang ist immer wieder bewiesen worden, aber diese Tests werden nach wie vor verwendet; von ihnen hängt es ab, in welchen Zweig (track) der Schule man kommt und ob man die Universität besuchen kann. Es ist dann auch kein Wunder, wenn nur 7 % der Universitätsstudenten aus den untersten 25 % der Familien kommen.

Noch etwas anderes benachteiligt die Kinder aus der Unterschicht und begünstigt die Kinder aus der Oberschicht: Die finanzielle Ausstattung einer Erziehungseinrichtung hängt stark davon ab, wo sie liegen. Schulen im Stadtkern, in den Slums, erhalten oft weniger Geld pro Schüler und ziehen daher meistens nur weniger qualifizierte Lehrkräfte an. Die Schulen in den Vororten, den Wohngebieten der bessergestellten Familien, bekommen dagegen mehr Geld und haben daher bessere Lehrkräfte.

Wir können daraus schließen, daß das Bildungssystem in den USA die Ungleichheit noch nicht einmal schrittweise, von Generation zu Generation, abbaut. Im Gegenteil: Kinder aus wohlhabenderen Familien haben größere Chancen, in Grundschule und High School eine bessere Ausbildung zu erhalten, auf die Universität zu kommen, auf der Universität zu bleiben und danach gutbezahlte Stellungen zu finden – und ihre Kinder dann wieder auf die Universität schicken zu können. Bei einem solchen Bildungssystem wird die Ungleichheit von Generation zu Generation mitgeschleppt.

Staat und Wirtschaft

Die industrielle Revolution setzte in den Vereinigten Staaten nach dem Sezessionskrieg ein. Dieses Jahrhundert Industriekapitalismus hat nach Ansicht vieler Autoren im Zeichen wechselhafter, ja widersprüchlicher Beziehungen zwischen Staat und Wirtschaft gestanden. Die Wirtschaftspolitik unterstützte einerseits die Interessen der Wirtschaft, andererseits gab es aber auch Gesetze (vor allem die Wettbewerbsgesetze), die deutlich darauf abzielten, der Macht und dem Einfluß der Großindustrie einen Riegel vorzuschieben.

»Trust buster« (»Konzernknacker«) Thurman Arnold, der ehemalige Leiter der Wettbewerbsabteilung bei der Bundesregierung, glaubt, diese widersprüchliche Politik sei begründet in »einem ständigen Konflikt von sich widersprechenden Idealen in der ökonomischen Philosophie Amerikas«[32]. Mit der »ökonomischen Philosophie« kann man aber im Grunde genommen sehr wenig erklären. Eine wirklichkeitsnähere Erklärung dieser scheinbaren Widersprüche müßte die beiden Hauptaufgaben der staatlichen Wirtschaftspolitik berücksichtigen.

Erstens soll die Regierung das kapitalistische System erhalten und die Interessen der Wirtschaft fördern. Davon waren gewöhnlich die Beziehungen zwischen Staat und Wirtschaft gekennzeichnet. Allerdings lassen sich nicht immer die Interessen aller Kapitalisten miteinander vereinbaren; würden ihre Interessenkonflikte nicht gelöst, so könnten sie zu einer echten Bedrohung des kapitalistischen Systems werden. Die Regierungen müssen diese Konflikte bereinigen, bevor sie ein gefährliches Ausmaß erreichen: Das ist ihre andere Hauptaufgabe, und die Wettbewerbsgesetze (Antitrust-Gesetze) erleichtern sie ihr.

Sieht man das Verhältnis zwischen Staat und Wirtschaft aus diesem Blickwinkel, so hat es keine Widersprüche in der Wirtschaftspolitik gegeben. Die Wettbewerbspolitik soll nicht, wie viele Liberale glauben, die Macht der Großkonzerne brechen. Die Wettbewerbspolitik verfolgte schon immer das Ziel, *dem gemeinsamen Interesse aller Kapitalisten* und *aller Wirtschaftszweige* zu dienen. Manchmal stimmen die Interessen aller Kapitalisten überein (z. B. im späten 19. Jahrhundert bei den Versuchen, die Gewerkschaften zu zerschlagen). Rivalisieren aber z. B. zwei gigantische Großunternehmen um die Führungsposition in einer Branche, so ist das ein Interessenkonflikt zwischen Kapitalisten. Das gemeinsame Interesse der Kapitalisten verlangt dann, einem oder beiden Rivalen die Zügel anzulegen.

Das enge Einvernehmen zwischen Staat und Wirtschaft hat die amerikanische Industrialisierung erheblich gefördert. Man half der Wirtschaft mit Schutzzöllen, um die Großunternehmen vor der Auslandskonkurrenz zu schützen; sie konnten auf den heimischen Märkten ihre Monopolmacht ungehindert einsetzen und hohe Preise diktieren.

Die Politik des Schatzamts führte zu lang anhaltenden Preisrückgängen. Davon profitierten Banken und Kreditgeber, denn der Wert des Geldes, mit dem Kredite zurückgezahlt wurden, war höher als der des ausgeliehenen Geldes.

[32] Th. Arnold, Economic Reform and the Sherman Anti-trust Act, in: J. A. Garraty (Hrsg.), Historical Viewpoints: Volume Two, Since 1865, New York 1969, S. 151.

Die Eisenbahnkönige gehörten zu den wichtigsten Unternehmern in der industriellen Revolution Amerikas. Mit Bestechung, Schikanen und Betrug rafften sie sich große Vermögen zusammen; der Eisenbahnbau war für sie nie etwas anderes als ein Mittel für ihre persönliche Bereicherung. Die US-Regierung antwortete darauf großzügig mit der Vergabe von Land. Zwischen 1850 und 1871 erhielten sie 130 Millionen Acres Land – eine Fläche, die so groß ist wie alle Staaten Neu-Englands, Pennsylvania und New York zusammen. Die Regierungen der Bundesstaaten verschenkten im gleichen Zeitraum weitere 49 Millionen Acres. Trotzdem bezeichnen manche Wirtschaftshistoriker die zweite Hälfte des 19. Jahrhunderts als eine Epoche ohne Staatseingriffe in die Wirtschaft!

Das Verhältnis zwischen Staat und Wirtschaft wurde gegen Ende des 19. Jahrhunderts zu einem harmonischen Zusammenleben – die Regierung richtete ihre Politik ganz nach den Bedürfnissen der Wirtschaft. Wer als Politiker in Washington zu Amt und Ehren kommen wollte, dem stellte die Wirtschaft Geld, Organisation und Beziehungen zur Verfügung. Fortschrittliche Teile der Demokratischen Partei sahen, daß der demokratische Präsident Cleveland ein so inniges Verhältnis zur Wirtschaft hatte, daß er sich kaum von einem republikanischen Präsidenten unterschied. Sie errangen die Kontrolle über den Parteiapparat und nominierten den bei Arbeitern und Bauern beliebten Jennings Bryan zum Präsidentschaftskandidaten. William McKinley, der republikanische Präsidentschaftskandidat, schaffte schätzungsweise Wahlkampfspenden in Höhe von $ 15 Millionen herbei – 50mal soviel wie Bryans $ 300 000. Die Demokraten sind seitdem vorsichtiger bei der Auswahl ihrer Kandidaten und achten darauf, daß sie zumindest bei einem großen Teil der Wirtschaft Anklang finden.

Wettbewerbspolitik

Vier Gesetze erheben deutlich den Anspruch, die Macht der Monopole zu beschränken und die staatliche Kontrolle über sie zu verstärken. Das erste Gesetz war der *Sherman Act* von 1890, der jeden Vertrag, jedes Kartell und jede Verschwörung (contract, combination, or conspiracy) zur Behinderung des Handels verbot. Der Sherman Act untersagte jede wettbewerbsbeschränkende Abstimmung zwischen Unternehmen, verbot Monopole und den Versuch, eine Branche zu monopolisieren.

Der *Clayton Act* von 1914 verbot den Unternehmen Preisdiskriminierungen und Ausschließlichkeitsverträge; er verbot ebenfalls die personelle Verflechtung zwischen Unternehmen (interlocking directorates), soweit dadurch der Wettbewerb spürbar beeinträchtigt wird[33].

Der *Federal Trade Commission Act* von 1914 untersagte *unfaire* Wettbewerbsmethoden und führte zur Errichtung der Federal Trade Commission. Sie sollte die Wettbewerbspraktiken der Unternehmen überwachen. Der *Celler-Kefauver Act* von 1950 verbot schließlich den Erwerb der Aktien (was schon zuvor illegal war) oder des Betriebsvermögens eines Konkurrenten (die entscheidende Lücke im Antitrust-Recht)[34].

Die Antitrust-Gesetze wurden geschaffen, um die Konzentration wirtschaftlicher Macht bei den Großunternehmen in Grenzen zu halten. Ein Beobachter bemerkte: »Das Land wurde nach der Verabschiedung des Sherman Act, des Clayton Act und des Celler-Kefauver Act Zeuge von spektakulären Fusionswellen. Allein das zeigt schon die Hilflosigkeit der Antitrust-Gesetze bei der ›Eindämmung der wirtschaftlichen Konzentration‹.«[35]

Während der ersten 20 Jahre nach der Verabschiedung des Sherman Act dienten die Antitrust-Gesetze fast ausschließlich dazu, die Streikmacht der Gewerkschaften zu brechen. Obwohl immer wieder einmal ein Unternehmen verurteilt wird, stimmen die meisten Beobachter darin überein, daß praktisch alle oligopolistischen Großunternehmen ständig die meisten Bestimmungen der Antitrust-Gesetze verletzen. Zwischen den gigantischen Kapitalgesellschaften gibt es so gut wie keine Preiskonkurrenz, personelle Verflechtung läßt sich an vielen Beispielen belegen und kaum jemand bezweifelt, daß die Beziehungen zwischen den Riesen der Wirtschaft von Gesetzesverstößen durchdrungen sind.

Warum werden dann gelegentlich einzelne Unternehmen herausgegriffen und wegen Verletzungen von Antitrust-Gesetzen verurteilt, wenn fast alle Unternehmen diesen Tatbestand erfüllen? Wir sind der Ansicht, daß die Regierung in solchen Fällen ihre Rolle als Schiedsrichter bei Interessenkonflikten ausübt. Antitrust-Entscheidungen sind im allgemeinen milde Strafen des Staats: Die Regierung entscheidet, welche Unternehmensgruppe in einem bestimmten Interessenkonflikt unterstützt wird. Das zeigt gerade das Vorgehen gegen einige konglomerate

---

[33] Die »Konkurrenten« kontrollieren sich gegenseitig, weil z. B. Vorstandsmitglieder des einen Unternehmens Aufsichtsratspositionen des anderen besetzen (H. S.).

[34] Materiell ist beides das gleiche; erwirbt der Käufer nur das Betriebsvermögen, so besitzt er nicht das Kapital des anderen Unternehmens, sondern unmittelbar die Produktionsanlagen, die Gebäude usw. (H. S.).

[35] D. F. Dowd, Modern Economic Problems in Historical Perspective, Boston 1965, S. 49.

Fusionen, als »Branchenneulinge« alteingesessene Unternehmen übernehmen wollten.

Die Regierung bemüht sich nicht ernsthaft, die allgegenwärtigen illegalen Geschäftspraktiken der Großunternehmen zu unterbinden. Die amerikanische Regierung hat die Monopole immer mit allen ihr zur Verfügung stehenden Mitteln unterstützt. Um das Interesse der Kapitalistenklasse als Ganzes zu sichern, muß sie gelegentlich einzelnen Kapitalisten auf die Finger klopfen. Dazu dienen die Antitrust-Gesetze: Sie sollen der monopolfeindlichen Stimmung in der Bevölkerung die Spitze abbrechen und Interessenkonflikte zwischen Unternehmen lösen.

Zusammenfassung

Die wirtschaftliche Macht verhältnismäßig weniger Unternehmen und Personen (vgl. die vorhergehenden Kapitel) führt zu einer ungleichen Verteilung der politischen Macht: Die gleiche Gruppe hat einen unverhältnismäßig großen Einfluß auf die Politik, wie wir in diesem Kapitel gesehen haben. Das ist kein Zufall, sondern das keineswegs erstaunliche Ergebnis ihrer Kontrolle über Presse, Rundfunk, Fernsehen und Werbung. Sie finanziert Wahlkämpfe, kann Interessenvertreter in Parlament und Verwaltung entsenden, kontrolliert Stiftungen und hat viele andere Einflußmöglichkeiten[36].

Die Macht der Begüterten verhindert schon von selbst wirkungsvolle staatliche Maßnahmen gegen die Ungleichheit in den USA. Viele Maßnahmen, die angeblich Ungleichheit vermindern sollen (Steuerpolitik, Subventionen für die Landwirtschaft und Bildungspolitik), steigern geradezu die Ungleichheit. Bei dem gegebenen politischen System ist es sehr fraglich, ob eine Regierung jemals zu der Politik fähig ist, die Probleme wie Armut und Ungleichheit an der Wurzel packt.

Anmerkung zu Kapitel 7
Wettbewerbspolitik in Deutschland

Als in den USA mit dem Sherman Act zumindest der Anspruch erhoben wurde, mit Gesetzen etwas gegen Monopolisierung und Kartellbildung zu unternehmen, förderte in Deutschland (und Großbritannien)

---

[36] Knappe deutsche Darstellungen zu diesem Problemkreis sind z. B. Gerd Fleischmann, Ungleichheit unter den Wählern, Hamburger Jahrbuch für Wirtschafts- und Gesellschaftspolitik, 12. Jg. (1967) und Hans Peter Widmaier, Warum der Wohlfahrtsstaat in die politische Krise treibt, Wirtschaftswoche Nr. 31/1972 (H. S.).

die Rechtsprechung nach Kräften Wettbewerbsbeschränkungen. Das Reichsgericht sah Depressionen, Konkurse und schlechte Versorgung als schädliche Wirkungen des Wettbewerbs an. Wie viele Entscheidungen belegen, waren die Richter ausgesprochen kartellfreundlich. Die historische Schule der Volkswirtschaftslehre, die in Deutschland vorherrschte, lieferte den theoretischen Hintergrund: Nach ihr führt Wettbewerb zu Preisverfall, und Preisverfall zur Krise. Daran änderte sich auch später nichts, denn mit der Übertragung des Führerprinzips auf die Wirtschaft war Wettbewerb nicht zu vereinbaren.

Im Gesetz gegen Wettbewerbsbeschränkungen (GWB) von 1957 wurde zwar jeder Vertrag verboten, der eine Beschränkung des Wettbewerbs zum Gegenstand hat; ebenso wurde die mißbräuchliche Ausnutzung einer marktbeherrschenden Stellung untersagt. Die »Mißbrauchsaufsicht« des Kartellamts führte zu keiner einzigen Gerichtsentscheidung gegen ein Unternehmen. Eine ganze Reihe von Kartellen ist erlaubt (Konditionen- und Rabattkartelle, Normungskartelle, Export- und Importkartelle, Strukturkrisenkartelle und Rationalisierungskartelle), wenn sie auch angemeldet werden müssen. Diese Ausnahmen vom Kartellverbot machen natürlich Umgehungen leicht. Eine Fusionskontrolle ist in der Kartellnovelle von 1973 erstmals vorgesehen; folgende Tabelle zeigt die zunehmende Konzentrationstendenz. (H. S.)

Zur Unternehmenskonzentration

Jahr	insgesamt	Zusammenschlüsse darunter „große" zusammen[1]	horizontal	vertikal	konglomerat	„Große" Zusammenschlüsse mit einer Bilanzsumme von . . . Mill. DM / der erwerbenden Unternehmen[2] — unter 500	500 bis unter 1000	1000 und mehr	Anteilige Bilanzsumme der bei „großen" Zusammenschlüssen erworbenen Unternehmen[2]
		Anzahl							Mill. DM
1966	43	12	10	1	1	3	3	6	2 181,4[3]
1967	65	20	13	—	7	3	1	16	1 770,4
1968	65	16	7	1	8	1	—	15	1 178,2
1969	168	54	30	1	23	8	2	44	7 112,6
1970	305	83	56	—	27	13	2	68	5 438,8

[1] Ohne Neugründungen sowie ohne Kreditinstitute und Versicherungsunternehmen.
[2] Ohne Kreditinstitute und Versicherungsunternehmen.
[3] Einschließlich 1397,0 Millionen DM aus dem Zusammenschluß Texaco/DEA.

Quelle: Bundeskartellamt.

Entnommen: Sachverständigenrat zur Begutachtung der gesamtwirtschaftlichen Entwicklung, Währung, Geldwert, Wettbewerb — Entscheidungen für morgen, Jahresgutachten 1971/72 (Stuttgart/Mainz: November 1971), S. 125.

8. Diskriminierung:
Gesetz oder Gesellschaft?[1]

Die meisten Lehrbücher behandeln Diskriminierung nicht als ökonomisches Problem, da es sich angeblich um eine »außerökonomische« Erscheinung handelt. Diskriminierung ist jedoch das Produkt einer Gesellschaftsstruktur, in der sie eine wichtige ökonomische Funktion erfüllt.

Rassische Diskriminierung

Rassismus bezeichnet die Vorurteile gegen rassische Minderheiten. Man stempelt sie gewöhnlich als minderwertig ab und rechtfertigt damit Unterdrückung und Ausbeutung. Beispielsweise waren Indianer für die weißen Siedler in Amerika »minderwertig«. Sie raubten ihnen ihr Land und rotteten sie nahezu völlig aus. Die weißen Siedler begegneten aber auch jeder neuen Welle von Einwanderern mit einem nationalistischen Vorurteil: Osteuropäer galten als kulturell rückständig, Italiener als faul, Iren als laut und roh. Chinesische und japanische Einwanderer sahen sich einer Kombination rassistischer und nationalistischer Vorurteile gegenüber; im Zweiten Weltkrieg wurden alle Amerikaner japanischer Abstammung an der Westküste in Konzentrationslager eingesperrt (Deutschamerikaner dagegen nie)[2]. Ebenso vereinigen sich Rassismus und Nationalismus bei der Unterdrückung von Amerikanern mexikanischer und puertoricanischer Herkunft. (Beide Bevölkerungsgruppen wurden den USA durch imperialistische Expansion einverleibt: Die eine Gruppe im Krieg gegen Mexico, die andere im Krieg gegen Spanien.)

Ein anderes Beispiel für rassistische Unterdrückung ist die drei Jahrhunderte während Versklavung schwarzer Afrikaner und ihr Transport unter unmenschlichsten Bedingungen an die verschiedenen Stellen ihrer Zwangsarbeit (besonders in die Südstaaten der USA). Diese Versklavung fand im Namen der heiligen Christenheit statt; Pflicht des

[1] Zwar werden hier amerikanische Verhältnisse geschildert, die Diskriminierung der Gastarbeiter in der BRD erfüllt aber die gleiche Funktion wie die Diskriminierung der Schwarzen in den USA. Ebensowenig kann man von einer tatsächlichen Gleichberechtigung der Frau sprechen (H. S.).

Dieses Kapitel wiederholt großenteils die Gedanken, die ausführlicher entwickelt wurden in: Howard J. Sherman, Radical Political Economy: Capitalism and Socialism from a Marxist-Humanist Perspective, New York 1972.

[2] Nach dem Angriff der Japaner auf Pearl Harbour (Eintritt der USA in den 2. Weltkrieg) (H. S.).

weißen Mannes sei es, den Schwarzen Zivilisation und den wahren Glauben zu bringen. Die Schwarzen sind heute die größte (und die am stärksten unterdrückte) Minderheit in den USA.

In vielen Städten stellen sie heute einen großen Teil oder sogar die Mehrheit der Bevölkerung. Sie üben all die komplizierten Tätigkeiten aus, ohne die weder die amerikanische Industrie noch städtisches Leben bestehen könnten. Der Inhalt der Vorurteile hat sich zwar ein wenig geändert, aber die Diskriminierung ist so stark wie seit eh und je.

Das Pro-Kopf-Einkommen weißer Amerikaner beträgt (Stand: 1965) $ 2616, das der schwarzen nur $ 1348[3]. Nur 8 % der weißen Familien liegen unterhalb der offiziellen Armutslinie, von den schwarzen sind es dagegen 47 %. Nach der Definition des Bureau of Labor Statistics beläuft sich ein »bescheidenes, aber ausreichendes« Einkommen für eine Familie auf $ 9100 (zu den niedrigeren Preisen von 1966). Nur 20 % der Weißen, aber 47 % der schwarzen Familien haben ein Jahreseinkommen von weniger als $ 5000; etwa 42 % der Weißen, aber 71 % der Schwarzen haben weniger als $ 8000. Bei dem anderen Extrem sieht es folgendermaßen aus: 2,8 % der weißen Familien, aber nur 0,4 % der schwarzen Familien beziehen jährlich über $ 25 000.

Die Arbeitslosenstatistik bietet das gleiche traurige Bild. Im Februar 1970, als die offizielle Arbeitslosenziffer für Weiße (den niedrigen Stand von) 3,8 % aufwies, belief sie sich für Nicht-Weiße (davon 92 % Schwarze) auf fast das Doppelte: 7,0 %. Für verheiratete Weiße lag sie bei 1,4 %, für verheiratete Nicht-Weiße bei 2,5 %. 11,7 % der weißen Jugendlichen waren arbeitslos, aber 25,3 % der nicht-weißen. Man stelle sich die Situation der schwarzen Jugend vor, wenn die durchschnittliche Arbeitslosigkeit der Weißen auf 6 % ansteigt!

Die Diskriminierung zeigt sich in allen Aspekten des amerikanischen Lebens: Nach dem Stand von April 1970 ist die Hälfte aller zum Tode Verurteilten schwarz.

Ihre Lage verschlechtert sich in vielen Beziehungen[4]. Arbeitslosigkeit und Einkommen von Schwarzen und Weißen entwickeln sich seit einem Jahrzehnt immer weiter auseinander. Der Anteil der Schwarzen in »Berufssparten abnehmender Bedeutung« wächst (d. h. bei Handlangerdiensten und in stagnierenden Branchen). Schwarze stellen einen steigenden Prozentsatz der langfristig Arbeitslosen (z. Z. 25 %). Weiter: »Die Trennung zwischen Wohngebieten für Neger und Wohngebieten für Weiße ist . . . stärker als vor einem Jahrzehnt ausgeprägt.«[5]

---

[3] United States Department of Commerce, verschiedene Veröffentlichungen.
[4] Siehe die Zahlen und die Analyse in: L. Ferman, J. Kornbluh und J. Miller (Hrsg.), Negroes and Jobs, Ann Arbor 1968.
[5] Ibid., S. 194.

Die Daten für andere Minderheiten unterscheiden sich kaum. Die Unterdrückung ist besonders stark bei der zweitgrößten amerikanischen Minderheit, den Amerikanern mexikanischer und puertoricanischer Abstammung. Über ihr Ausmaß gibt es keine Meinungsverschiedenheiten; strittig ist, woher sie kommt und wie man sie beseitigen kann.

Nach der konservativsten Ansicht gibt es vererbte biologische Unterschiede, die für die geistige und physische Unterlegenheit der Schwarzen verantwortlich sind (und die Minderwertigkeit der Mexikaner, der Indianer, der Juden, der Katholiken . . .). Ihre Minderwertigkeit ist Ursache für ihr niedrigeres Einkommen, für ihre schlechtere Ausbildung usw. Außerdem sind sie faul und leben gerne im Elend. Da diese Behauptungen jeder wissenschaftlichen Grundlage entbehren, befassen wir uns nicht weiter mit ihnen. (Natürlich sind Rassen durch ihre äußeren körperlichen Unterschiede definiert, aber es gibt *keinerlei* nennenswerte biologische Unterschiede – geschweige vererbte intellektuelle Unterschiede.)

Für die Liberalen ist das Problem ein Teufelskreis: Das Milieu bedingt die schlechteren Leistungen der Schwarzen, das führt zu mehr Vorurteilen; sie erreichen deshalb weniger und können daher auch nicht ihre soziale Umwelt verlassen. Es heißt auch, Schwarze hätten »eigene Werte«, die sie kulturell absondern und ihren wirtschaftlichen Aufstieg verhindern. »Neger sind aufgrund ihres Wertsystems besser für eine sozial abhängige als für eine sozial unabhängige Rolle geeignet; . . . weibliche Rollenideale herrschen gegenüber männlichen vor, und ihr schwach ausgeprägter Ehrgeiz bewirkt niedrigere Leistungsziele.«[6] Für die Liberalen ist das Problem zwar nicht unbedingt eine vererbte Minderwertigkeit, aber sie sehen Diskriminierung im wesentlichen als einen psychologischen Vorgang an, der sich vor allem in den Köpfen der Neger abspielt. In dieser Hinsicht hat ihr Ansatz etwas mit der konservativen, rassistischen Einstellung gemeinsam.

Das Problem kann nicht darin bestehen, daß Schwarze Abhängigkeit schätzen oder »schwächeren Ehrgeiz« besitzen. Im Gegenteil: Die Diskriminierung wird den Schwarzen in jeder Hinsicht von einer weißen Gesellschaft aufgezwungen – auch der kleinen Anzahl, die allen Barrieren zum Trotz eine ausgezeichnete Ausbildung erwirbt. Ursache rassischer Diskriminierung ist weder eine angeborene Minderwertigkeit Schwarzer (denn so etwas gibt es nicht) noch ein angeborener weißer Rassismus (denn er hat sich mehrmals in der Geschichte geändert und wird sich auch in Zukunft ändern). Die wirklichen Ursachen liegen in den konkreten politischen und ökonomischen Verhältnissen, die erst dem Rassismus eine nützliche Funktion verleihen.

[6] Ibid., S. 108.

Vor dem Sezessionskrieg rechtfertigte der Rassismus in den Südstaaten die Sklaverei: Sklavenhalter hatten kein schlechtes Gewissen, die Sklaven nahmen ihr Schicksal widerspruchslos auf sich, und die Nordstaaten hatten keinen Grund zum Eingreifen[7]. Nach der rassistischen Ideologie war Sklaverei eine gottverordnete Gnade für die minderwertigen Schwarzen. Ihre wichtigste Funktion war die Rechtfertigung ihrer Ausbeutung.

Die zweite Funktion des Rassismus besteht nach Ansicht kritischer Ökonomen darin, daß man für alle Probleme einen Sündenbock hat. Den Weißen wird z. B. eingeredet, der Schmutz und die Gewalt in modernen Großstädten seien allein auf die Schwarzen zurückzuführen. (Ähnlich: Hitler erklärte den deutschen Arbeitern Arbeitslosigkeit mit jüdischen Bankiers.)

Die dritte Funktion des Rassismus besteht darin, die Unterdrückten in verschiedene Lager zu spalten, damit eine Elite herrschen kann. In den USA wird z. B. niemand mehr als die weißen Landpächter in den Südstaaten unterdrückt; sie sind so arm, daß sie ihre Pacht mit Naturalien, d. h. mit einem Teil ihrer Ernte bezahlen (sog. *sharecroppers*). Sie haben aber immer gegen ihre natürlichen Bundesgenossen, die Schwarzen, gekämpft, die reichen weißen Südstaatler jedoch in der Politik unterstützt. Die weißen Großgrundbesitzer monopolisieren nicht nur die Parlamente der Bundesstaaten und der Gemeinden, sie haben auch im Kongreß unverhältnismäßig viel Einfluß, denn wegen ihres hohen Alters fallen ihnen viele Schlüsselpositionen zu. Ein anderes Beispiel: weiße und schwarze Arbeiter werden gegeneinander aufgestachelt; in vielen Gebieten der Südstaaten gibt es daher keine Gewerkschaften, jede Gruppe kann gegen die andere als Streikbrecher eingesetzt werden. In den Industriestädten des Nordens wendet man die gleiche Taktik des »teile und herrsche« erfolgreich an.

Aus kritischer Sicht ist Rassismus auch ein ausgezeichnetes Werkzeug für imperialistische Politik. Besonders Großbritannien hat die »Teile und Herrsche«-Strategie lange angewendet: Hindus gegen Moslems, Juden gegen Araber, Protestanten gegen Katholiken, die Bevölkerung Biafras gegen die Nigerianer, Schwarze gegen Hindus (in Guyana). Nicht anders die Vereinigten Staaten: Vietnamesen gegen Kambo-

---

[7] Der industrielle Norden der USA forderte Schutzzölle, die (agrarischen) Südstaaten wollten Freihandel mit dem Ausland, um ihre Baumwolle günstiger gegen europäische Fertigprodukte zu tauschen. Abraham Lincoln, der der Wirtschaft Schutzzölle zusicherte, gewann die Präsidentenwahl 1860. Die Südstaaten sagten sich darauf von den Vereinigten Staaten los (Sezession) und gründeten einen eigenen Staatenbund (Confederation). Der Konflikt zwischen den Plantagenbesitzern des Südens und der Industrie des Nordens (Absatzmärkte!) führte zum Sezessionskrieg; er wurde der Bevölkerung des Nordens als Krieg gegen die Sklaverei schmackhaft gemacht (H. S.).

dschaner, Thai gegen Laoten. Ökonomische Unterentwicklung »erklärt« man immer wieder mit (angeborener oder erworbener) Minderwertigkeit, wenn Imperialismus die wahre Ursache ist. Schließlich versichern uns die Chauvinisten, daß Aggressionen immer von den anderen, den bösen Völkern ausgehen, die Reinheit »unserer« Motive aber über jeden Zweifel erhaben ist.

Schwarze werden in den USA nicht nur als Arbeiter ausgebeutet, sondern auch, weil sie eine Kolonie im Inneren der USA darstellen. Sie machen heute etwa ein Drittel der gesamten amerikanischen Arbeiterschaft, bei ungelernten Hilfskräften einen noch höheren Prozentsatz aus. Rassendiskriminierung hält sie in »ihrer« Rolle: Sie bleiben ein Reservoir unqualifizierter, oft beschäftigungsloser Arbeiter, das man mobilisieren kann, um bei hoher Nachfrage nach Arbeitskräften die Löhne niedrig zu halten. Aus dieser Sicht ist Rassismus nichts als eine Rechtfertigung für Zusatzprofite, die aus dem am schlechtesten bezahlten Teil der amerikanischen Arbeiterschaft herausgepreßt werden.

Ausbeutung ist ein notwendiges Element des kapitalistischen Systems, an dem Reformgesetze nicht viel ändern können; mit ihnen verbessert man nur die Lage weniger Schwarzer.

»Das System hat zwei Pole: Reichtum, Privilegien, Macht auf dem einen; Armut, Benachteiligung, Machtlosigkeit auf dem anderen. Es ist immer so gewesen, aber in früheren Zeiten konnten ganze Gruppen aufsteigen, weil die Expansion oben Platz schuf und andere da waren, um ihren Platz auf der untersten Stufe einzunehmen. Heute nehmen die Neger die unterste Stufe ein, und es gibt weder oberhalb von ihnen Raum, noch jemand, der an ihre Stelle treten könnte. Somit können nur einzelne aufsteigen, nicht die Gruppe als ganze: Reformen helfen den Wenigen, nicht den Vielen. Für die Vielen kann nichts als die völlige Veränderung des Systems – die Abschaffung beider Pole sowie ihre Ersetzung durch eine Gesellschaft, in der Reichtum und Macht von allen geteilt werden – eine Veränderung ihrer Lage bewirken.«[8]

Diskriminierung der Frau

Mit der angeblichen Überlegenheit des Mannes rechtfertigt man die Diskriminierung der Mehrzahl der amerikanischen Bürger (Frauen stellen etwa 51 %/o der amerikanischen Bevölkerung). Die Unterdrückung und Diskriminierung der Frau gleicht in mancher Hinsicht dem Rassis-

---

[8] P. Sweezy und P. Baran, Monopoly Capital, New York 1966, S. 279; Zitat entnommen der deutschen Ausgabe: Monopolkapital, Frankfurt 1970, S. 267 f.

mus, wenn sie auch nicht so scharf ausgeprägt ist; der Glaube an die Unterlegenheit der Frau ist aber weiter verbreitet und sitzt tiefer. Eine schwarze Frau gilt als doppelt »minderwertig« und leidet unter der stärksten Diskriminierung.

Diese allgemeinen Aussagen werden von den Fakten bestätigt. 1966 lagen nur 5 % der weißen Familien mit einem männlichen Haushaltsvorstand unter der offiziellen Armutslinie, aber 20 % der entsprechenden schwarzen Familien. Von den Familien mit einem weiblichen Haushaltsvorstand waren es 37 % bei den Weißen, aber 62 % bei den Schwarzen[9].

Das Problem besteht nicht mehr darin, daß Frauen nicht arbeiten dürfen. 1968 machten Frauen 37 % der zivilen Erwerbsbevölkerung aus; von den Frauen zwischen 20 und 64 Jahren war 1969 knapp die Hälfte berufstätig[10]. Die Prozentsätze könnten höher sein, aber das ist nicht das Hauptproblem. Der springende Punkt ist, daß über 90 % dieser Frauen nicht deshalb arbeiten, weil sie arbeiten wollen, sondern weil sie ihre wirtschaftliche Lage dazu zwingt. Im Berufsleben werden sie aber diskriminiert.

1968 verdiente eine (ganztags) beschäftigte Frau im Durchschnitt nur 58 % des Durchschnittseinkommens eines Mannes; zehn Jahre zuvor waren es noch 64 %. Für (ganztags beschäftigte) weiße Männer belief sich der Zentralwert[11] ihres Verdiensts auf $ 7870, für schwarze auf $ 5314, für weiße Frauen auf $ 4584 und für schwarze auf $ 3487. Selbst Frauen, die allen Hindernissen zum Trotz eine gute Ausbildung erworben haben, müssen feststellen, daß sie im Vergleich zu Männern mit entsprechender Ausbildung schlechter bezahlt werden und schlechtere Arbeitsplätze bekommen. Frauen mit Universitätsabschluß verdienen nicht viel mehr als Männer mit acht Jahren Grundschule! Auch bei vier Jahren Universitätsausbildung müssen sich noch 17 % der Frauen mit Stellen für Hilfsarbeiter und angelernte Arbeitskräfte zufriedengeben, und selbst bei fünf und mehr Jahren sind es noch 6 %.

1968 besetzten Frauen nur 9 % der Stellen in akademischen Berufen: 7 % bei den Ärzten, 3 % bei den Rechtsanwälten und nur 1 % bei den Ingenieuren. Von den Einzelpersonen mit mehr als $ 10 000 Jahreseinkommen sind nur 5 % Frauen, von den in *Standard and Poors Direc-*

[9] U.S. Bureau of the Census, Extent of Poverty in the United States, Current Population Reports Series p. 60, No. 54 (Mai 1968).
[10] Nach Angaben des Department of Labor.
[11] Ordnet man alle Einkommen der Höhe nach und weist jedem Einkommensbezieher einen Platz in dieser Reihe zu, so bezeichnet der Zentralwert genau den mittleren Platz. Es gibt dann genauso viele Personen, die mehr bzw. weniger als dieser Einkommensbezieher verdienen (H. S.).

tory aufgeführten leitenden Angestellten sogar nur 2 %, bei den sechs höchsten Dienstgraden der Bundesbeamten 4 %, bei Bundesrichtern und Senatoren 1 %[12]. In Kalifornien verdienten Frauen mit vier und mehr Jahren Universitätsausbildung durchschnittlich nur $ 4151 jährlich, Männer (bei gleicher Ausbildung) dagegen $ 8108. Ein Drittel der Mitglieder der *National Office Managers Association* gab in einer Befragung zu, Frauen bei gleichen Arbeiten systematisch schlechter als Männer zu bezahlen.

Frauen sind außerdem stärker von Arbeitslosigkeit betroffen. Beträgt die Arbeitslosenziffer für weiße Männer 5 %, so ist sie für weiße Frauen mit 10 % – 15 %, für schwarze Männer mit etwa 10 % und für schwarze Frauen mit durchschnittlich 20 % anzusetzen. Dieses Bild ist typisch. Auch die Diskriminierung Jugendlicher schlägt sich in der Arbeitslosenziffer nieder: Bei jungen schwarzen Frauen dürfte sie 40 % betragen. Für Frauen ist es besonders schwierig, etwas aus der Arbeitslosenunterstützung zu erhalten: In 37 Bundesstaaten der USA bekommt eine Frau *keinen Cent,* wenn sie wegen einer Schwangerschaft entlassen wurde.

Die Diskriminierung der Frau bedeutet erhebliche Zusatzprofite für die Unternehmer. 1969 lagen die Löhne für Frauen bei vergleichbarer Arbeit um 40 % unter denen der Männer. Man kann etwa 23 % des Gesamtprofits der verarbeitenden Industrie auf die Lohndiskriminierung der Frauen zurückführen.

Sowohl die Diskriminierung der Frau als auch die Diskriminierung anderer Rassen wird mit der »Minderwertigkeit« bestimmter Menschen gegenüber anderen begründet: »Vielleicht ist jede Art von Diskriminierung das gleiche – Unmenschlichkeit.«[13] Es hieß lange, Frauen seien weniger intelligent und könnten keine körperliche Arbeit leisten, und auch in unserem aufgeklärten Jahrhundert wirkt diese Ideologie mit ungebrochener Heftigkeit weiter.

Was ist die Ursache dieser Ideologie, was ist der Grund der Diskriminierung? Aus radikaler Sicht erfüllt das Vorurteil von der Unterlegenheit der Frau ähnliche Funktionen wie der Rassismus. Ihre angebliche Minderwertigkeit ist vor allem ein Vorwand, um auf Kosten der Frauen Profite zu machen. Zweitens können die Unternehmer durch solche Vorurteile die Arbeiterschaft in Frauen und Männer spalten und schwächen. Drittens erhält diese Ideologie die Familienstruktur aufrecht – eine wichtige Grundlage des kapitalistischen Systems.

---

[12] Siehe C. Bind, Born Female: The High Cost of Keeping Women Down, New York 1969, S. 82 f. Dieser ausgezeichnete Überblick über die tatsächlichen Verhältnisse enthält einen großen Teil des hier zitierten Materials.
[13] Kongreßabgeordnete Shirley Chisholm, »Racism and Anti-Feminism«, The Black Scholar (Januar/Februar 1970), S. 45.

Die Werbung hat die technische Ausstattung eines Haushalts erfolgreich mit dem Glück einer Familie verknüpft. Selbst in den Familien lebt der Geist grenzenloser Konkurrenz, denn sie vergleichen ihren Wohlstand miteinander. Das perfekte Idol der Frauenmagazine ist eine Frau, die dafür dankbar ist, daß sie »einen wundervollen Ehemann, kräftige Söhne ... ein geräumiges, gemütliches Haus ... gute Gesundheit, einen festen Glauben an Gott und zwei Autos, zwei Fernsehgeräte und zwei Kamine (hat)«[14]. Frauen aus der Arbeiterklasse haben natürlich nicht diesen materiellen Luxus, aber vielleicht Glauben.

Zusammenfassung

In den USA werden Schwarze, Puertoricaner, Indianer, alle Amerikaner ausländischer, besonders asiatischer Abstammung, Katholiken und Juden diskriminiert. Die Unterdrückung der Schwarzen zeigt sich an ihren Wohnverhältnissen, an ihrem Ausbildungsstand, an ihren Berufen und an ihrem Gesundheitszustand. (Die Diskriminierung zeigt sich selbst im Tod: Es gibt sogar nach Rassen getrennte Friedhöfe.) Der Rassismus rechtfertigte ursprünglich die Sklaverei, heute rechtfertigt er niedrige Löhne, hohe Mieten in den Gettos und den Ausschluß der Schwarzen von der politischen Willensbildung (vor allem im Süden). Es gibt viele profitträchtige Gründe, um rassistische Mythen am Leben zu erhalten.

Die Unterdrückung der Frau hat eine längere Geschichte. Sie hat es schon in vielen früheren Gesellschaftsformen gegeben. Die amerikanischen Frauen haben schlechtere Bildungschancen, bekommen schlechtere Stellen und verdienen bei gleicher Arbeit weniger als Männer. Begründet wird das mit dem wissenschaftlich unhaltbaren Vorurteil, sie seien minderwertig; es wird auch heute noch gepredigt, denn Diskriminierung ist für manche kein schlechtes Geschäft.

[14] M. Goldberg, The Economic Exploitation of Women, The Review of Radical Political Economics (1970), S. 64.

Personenregister

Sachregister

Fischer Athenäum Taschenbücher

Wirtschaftswissenschaft

Regina Molitor (Hg.)

**Kontaktstudium –
Ökonomie
und Gesellschaft**

282 Seiten (FAT 5001)

**Ludwig Bress/
Karl Paul Hensel u. a.**

**Wirtschaftssysteme
des Sozialismus
im Experiment –
Plan oder Markt?**

400 Seiten (FAT 5002)*

Fritz Neumark (Hg.)

**David Ricardo
Grundsätze der
politischen Ökonomie
und der Besteuerung**

352 Seiten (FAT 5003)

Peter Urban

**Wissenschaftstheorie
für Ökonomen**

Eine Einführung

ca. 200 Seiten (FAT 5004)

Christof Helberger

Marxismus als Methode

ca. 220 Seiten (FAT 5005)

Hans Peter Widmaier

**Sozialpolitik im
Wohlfahrtsstaat**

ca. 200 Seiten (FAT 5006)*

* Diese Titel sind in einer Leinenausgabe im Äthenäum Verlag,
Frankfurt, erhältlich.

Fischer Taschenbuch Verlag

Texte zur politischen Theorie und Praxis

Herausgegeben von:
Elmar Altvater
Hans-Eckehard Bahr
Wilfried Gottschalch
Klaus Holzkamp
Urs Jaeggi
Rudolf Wiethölter
Red.: Klaus Kamberger

Analysen aus:
Soziologie
Politologie
Psychologie
Erziehungswissenschaft
Rechtswissenschaft
Ökonomie

Sven Papcke
Progressive Gewalt.
(Bd. 6501)

Karl Heinz Hörning (Hg.)
Der »neue« Arbeiter.
Zum Wandel sozialer
Schichtstrukturen. (Bd. 6502)

**Wilfried Gottschalch,
Marina Neumann-Schön-
wetter, Gunter Soukup.**
Sozialisationsforschung.
Materialien, Probleme, Kritik.
(Bd. 6503)

Klaus Holzkamp
Kritische Psychologie.
Vorbereitende Arbeiten.
(Bd. 6505)

Peter Kühne
Arbeiterklasse und Literatur.
(Bd. 6506)

Jutta Menschik
Gleichberechtigung oder
Emanzipation?
Die Frau im Erwerbsleben
der BRD. (Bd. 6507)

Frigga Haug
Kritik der Rollentheorie
und ihrer Anwendung in der
bürgerlichen deutschen
Soziologie. (Bd. 6508)

Thomas Blanke
Funktionswandel des Streiks
im Spätkapitalismus.
(Bd. 6509)

Urs Jaeggi
Kapital und Arbeit
in der Bundesrepublik.
(Bd. 6510)

Fischer Taschenbuch Verlag

Texte zur politischen Theorie und Praxis

Die Reihe sammelt Beiträge zur Bildung politischer Theorie und Reflexion politischer Praxis.

Autoren und Herausgeber gehen davon aus, daß Wissenschaft von der Gesellschaft neuer, selbstkritischer und differenzierter Entwürfe bedarf, wenn sie ihren emanzipatorischen Anspruch erfüllen soll.

Gleiss/Seidel/Abholz
Soziale Psychiatrie.
Zur Ungleichheit
in der psychiatrischen
Versorgung. (Bd. 6511)

Walter Hollstein/Marianne Meinhold (Hg.)
Sozialarbeit unter
kapitalistischen
Produktionsbedingungen.
(Bd. 6512)

Rolf-Peter Calliess
Theorie der Strafe
im demokratischen und
sozialen Rechtsstaat.
(Bd. 6513)

In Vorbereitung:

Hubert Rottleuthner
Rechtswissenschaft als
Sozialwissenschaft. (Bd. 6514)

Gerhard Grohs/Bassam Tibi
(Hg.)
Zur Soziologie der Dekoloni-
sation in Afrika. (Bd. 6516)

In Planung:

Alternativen zur Schule

Familie und Klasse

Literaturproduktion im
Spätkapitalismus

Marx und das
moderne Recht

Psychologie in der BRD

Fischer Athenäum Taschenbücher

Rechtswissenschaft

Josef Esser

Vorverständnis und Methodenwahl in der Rechtsfindung

Rationalitätsgrundlagen richterlicher Entscheidungspraxis

224 Seiten (FAT 6001)*

Norbert Reich (Hg.)

Marxistische und sozialistische Rechtstheorie

236 Seiten (FAT 6002)*

Winfried Hassemer

Theorie und Soziologie des Verbrechens

Aufsätze zu einer praxisorientierten Rechtsgutslehre

268 Seiten (FAT 6010)*

Bernd Rüthers

Die unbegrenzte Auslegung

Zum Wandel der Privatrechtsordnung im Nationalsozialismus

498 Seiten (FAT 6011)

Bernd Rüthers

Arbeitsrecht und politisches System

180 Seiten (FAT 6006)

Dieter Grimm (Hg.)

Rechtswissenschaft und Nachbarwissenschaften
Band 1

ca. 160 Seiten (FAT 6007)*

Rüdiger Lautmann

Justiz – die stille Gewalt

Teilnehmende Beobachtung und entscheidungssoziologische Analyse

208 Seiten (FAT 4002)*

Hubert Rottleuthner

Richterliches Handeln

Zur Kritik der juristischen Dogmatik

208 Seiten (FAT 4019)*

* Diese Titel sind gleichzeitig in einer Leinenausgabe im Athenäum Verlag, Frankfurt, erhältlich.